Gabriele Wunsch

Sachenrecht 1
- Mobiliarsachenrecht -

13. Auflage 2022

ISBN 978-3-86724-024-6

13. Auflage 2022

© 2022 niederle media

Bezug möglich direkt vom Verlag
niederle media
48341 Altenberge
Fax (02505) 93 98 99
E-Mail: info@niederle-media.de
www.niederle-media.de

▶ Inhalt

▶ Sachenrecht 1

▶ Vorwort

Dieses Skript ist gedacht als Einführung in die Grundlagen des **Rechts der beweglichen Sachen**. Nachlesen und nachbereiten kann man hier die Themen, die meist in den Einstiegs-Vorlesungen behandelt werden. Dazu gehört z.b. der Herausgabeanspruch gemäß § 985, das Eigentümer-Besitzer-Verhältnis, der (gutgläubige) Erwerb des Eigentums gemäß §§ 929 ff., der Schutz des Besitzes gemäß §§ 861, 1007 und das Pfandrecht gemäß §§ 1204 ff.

Der Name *niederle media* steht für Skripten, die zu einem großen Teil von Autoren mit mehrjähriger Lehr-Erfahrung als Hochschullehrer oder AG-Leiter verfasst wurden und die

- klausurrelevante Themen *kompakt* darstellen,

- meist in 1-2 Tagen und demnach *zeitsparend* durchgearbeitet werden können,

- so *verständlich* sind, dass auch Anfänger damit regelmäßig auf Anhieb klarkommen,

- *Fallbeispiele, Übersichten* und *Schemata* enthalten,

- sehr *erschwinglich* sind (ab 7,90 Euro).

Aufgrund dieser Eigenschaften sind unsere Skripten hervorragend geeignet für den ersten, unkomplizierten Einstieg in die Materie oder für eine schnelle Wiederholung kurz vor der Prüfung. Dafür drücke ich schon jetzt ganz fest die Daumen,

Jan Niederle

▶ Unsere 📖 Skripten 📇 Karteikarten 🔊 Hörbücher

Zivilrecht

- 📖 Standardfälle Zivilrecht f. Anfänger (BGB AT+Kaufrecht)
- 📖 🔊 Standardfälle BGB AT
- 📖 🔊 Standardfälle Schuldrecht
- 📖 🔊 Standardfälle Ges. Schuldverhältn., §§ 677,812,823
- 📖 🔊 Standardfälle Sachenrecht (Mobiliar+Immobiliar)
- 📖 🔊 Standardfälle Familien- und Erbrecht
- 📖 🔊 Basiswissen BGB AT (Frage-Antwort)
- 📖 🔊 Basiswissen Schuldrecht AT (Frage-Antwort)
- 📖 🔊 Basiswissen Schuldrecht BT (Frage-Antwort)
- 📖 🔊 Basiswissen Sachenrecht (Frage-Antwort)
- 🔊 Basiswissen Familienrecht (Frage-Antwort)
- 🔊 Basiswissen Erbrecht (Frage-Antwort)
- 📖 Einführung in das Bürgerliche Recht (für Anfänger)
- 📖 Studienbuch BGB AT
- 📖 Studienbuch Schuldrecht AT
- 📖 Einführung Schuldrecht BT 1 – § 437, 536, 634, 670 ff.
- 📖 Einführung Schuldrecht BT 2 – §§ 812, 823, 765 ff.
- 📖 Einführung Sachenrecht 1 – Mobiliarsachenrecht
- 📖 Einführung Sachenrecht 2 – Immobiliarsachenrecht
- 📖 Einführung Familienrecht
- 📖 Einführung Erbrecht
- 📖 🔊 Definitionen für die Zivilrechtsklausur

Strafrecht

- 📖 Standardfälle Band 1: für Anfänger
- 📖 Standardfälle Band 2: für Fortgeschrittene
- 📖 🔊 Standardfälle Strafrecht AT (für Anfänger)
- 📖 🔊 Basiswissen Strafrecht AT (Frage-Antwort)
- 📖 🔊 Basiswissen Strafrecht BT 1 (Frage-Antwort)
- 📖 🔊 Basiswissen Strafrecht BT 2 (Frage-Antwort)
- 📖 Einführung Strafrecht AT
- 📖 Einführung Strafrecht BT 1 – Vermögensdelikte
- 📖 Einführung Strafrecht BT 2 – Nichtvermögensdelikte
- 📖 🔊 Definitionen für die Strafrechtsklausur

Öffentliches Recht

- 📖 Standardfälle Staatsrecht 1 – Staatsorganisationsrecht
- 📖 Standardfälle Staatsrecht 2 – Grundrechte
- 📖 🔊 Standardfälle f. Anfänger (StaatsorgaR u. GrundR)
- 📖 Standardfälle Verwaltungsrecht AT
- 📖 Standardfälle Polizei- und Ordnungsrecht
- 📖 Standardfälle Baurecht
- 📖 Standardfälle Europarecht
- 📖 Standardfälle Kommunalrecht
- 📖 🔊 Basiswissen StaatsR 1 – StaatsorgaR (Frage-Antwort)
- 📖 🔊 Basiswissen StaatsR 2 – Grundrechte (Frage-Antwort)
- 📖 Basiswissen Verwaltungsrecht AT (Frage-Antwort)
- 📖 Studienbuch Staatsorganisationsrecht
- 📖 Studienbuch Grundrechte
- 📖 Studienbuch Verwaltungsrecht AT
- 📖 Studienbuch Europarecht
- 🔊 Hörbuch Basiswissen Europarecht
- 📖 Studienbuch Staatshaftungsrecht
- 📖 Verwaltungsrecht AT 1 – VwVfG
- 📖 Verwaltungsrecht AT 2 – VwGO
- 📖 Verwaltungsrecht BT 1 – Polizei und Ordnungsrecht
- 📖 Verwaltungsrecht BT 2 – Baurecht
- 📖 Verwaltungsrecht BT 3 – Umweltrecht
- 📖 🔊 Definitionen Öffentliches Recht

Sozialrecht

- 📖 Einführung Sozialrecht

Nebengebiete

- 📖 Standardfälle ZPO
- 📖 🔊 Standardfälle Handels- & Gesellschaftsrecht
- 📖 🔊 Standardfälle Arbeitsrecht
- 📖 🔊 Basiswissen Handelsrecht (Frage-Antwort)
- 📖 🔊 Basiswissen Gesellschaftsrecht (Frage-Antwort)
- 📖 🔊 Basiswissen StPO (Frage-Antwort)
- 📖 🔊 Basiswissen ZPO (Frage-Antwort)
- 📖 Einführung Handelsrecht
- 📖 Einführung Gesellschaftsrecht
- 📖 Einführung Arbeitsrecht
- 📖 Einführung Kollektives Arbeitsrecht
- 📖 Einführung ZPO I - Erkenntnisverfahren
- 📖 Einführung ZPO II - Zwangsvollstreckung
- 📖 Einführung StPO - Strafprozessordnung
- 📖 Einführung IPR - Internationales Privatrecht
- 📖 Standardfälle IPR - Internationales Privatrecht
- 📖 Einführung Insolvenzrecht
- 📖 Gewerblicher Rechtsschutz & Urheberrecht
- 📖 Einführung Wettbewerbsrecht
- 📖 Einführung Sportrecht

Karteikarten

- 📇 Grundlagen des Zivilrechts
- 📇 BGB Allgemeiner Teil
- 📇 Schuldrecht BT (§§ 433, 535, 631, 812, 823)
- 📇 Schemata Zivilrecht (AT, SchuldR, SachR, FamR)
- 📇 Strafrecht AT
- 📇 Strafrecht BT 1
- 📇 Strafrecht BT 2
- 📇 Streitfragen Strafrecht
- 📇 Staatsorganisationsrecht
- 📇 Grundrechte
- 📇 Verwaltungsrecht AT
- 📇 Schemata Öffentliches Recht

Die wichtigsten Schemata

- 📖 Band 1: Zivilrecht, Strafrecht, Öffentliches Recht
- 📖 Band 2: Arbeitsrecht, Handelsrecht, Gesellschaftsrecht, StPO, ZPO

Ratgeber Jurastudium

- 📖 Ratgeber 500 Spezial-Tipps für Juristen - Wie man geschickt durchs Studium und das Examen kommt

BWL

- 📖 Einführung in die Betriebswirtschaftslehre
- 📖 Organisationsgestaltung & -entwicklung
- 📖 Fallstudien Organisationsgestaltung & -entwicklung
- 📖 Internationales Management
- 📖 Wie gelingt meine wiss. Abschlussarbeit?
- 📖 Medienwirtschaft für Mediengestalter

Assessorexamen

- 📖 Der Aktenvortrag im Strafrecht
- 📖 Der Aktenvortrag im Zivilrecht
- 📖 Staatsanwalt. Sitzungsdienst & Plädoyer

Irrtümer und Änderungen vorbehalten!

🔊 bedeutet: auch als **Hörbuch** lieferbar!

Bei **niederle-media.de** bestellte Bücher treffen idR *nach 1-2 Werktagen* ein!

Lektion 1: Der Herausgabeanspruch gemäß § 985 BGB

§ 985 gewährt dem Eigentümer gegen den Besitzer einen dinglichen Anspruch auf Herausgabe der Sache.

I. Sache gemäß § 90 BGB
II. Der Anspruchssteller ist Eigentümer der Sache
III. Der Anspruchsgegner ist Besitzer
IV. Der Besitzer hat kein Recht zum Besitz, § 986 I 1
  • **Eigenes Besitzrecht (1. Alt.) oder**
  • **Abgeleitetes Besitzrecht (2. Alt.)**

I. Sache

Nach der Legaldefinition des § 90 ist eine Sache ein körperlicher Gegenstand. Sowohl Grundstücke als auch bewegliche Sachen können somit Anspruchsgegenstand sein.

II. Eigentum

Der Anspruchssteller muss Eigentümer der Sache sein. An dieser Stelle ist in einer Klausur oft zu prüfen, ob der Anspruchsteller das Eigentum an der Sache kraft Rechtsgeschäfts (z. B. §§ 929 ff., §§ 873, 925), kraft Gesetzes (z. B. §§ 937 ff, §§ 1922 ff.) oder kraft Hoheitsakts (z. B. § 90 ZVG) erworben hat, vgl. dazu Lektionen 3, 4, 5. Lässt sich das Eigentum nicht feststellen, sind die *gesetzlichen Vermutungen* gemäß §§ 1006, 891 (lesen!) zu beachten.

III. Besitz

Der Anspruch kann sich gegen den unmittelbaren (§ 854) oder gegen den mittelbaren Besitzer (§ 868) richten, allerdings nicht gegen den Besitzdiener (§ 855), da dieser gerade keinen eigenen Besitz hat.

IV. Kein Recht zum Besitz

§ 986 I setzt weiter voraus, dass dem Besitzer kein *eigenes* (§ 986 I 1, 1. Alt.) oder *abgeleitetes* Besitzrecht (§ 986 I 1, 2. Alt.) zusteht.

Hinweis: Nach überwiegender Ansicht ist das Recht zum Besitz entgegen dem Wortlaut des § 986 I als *Einwendung* anzusehen. Das heißt, es ist von Amts wegen zu berücksichtigen und muss nicht – wie die *Einrede* – ausdrücklich geltend gemacht werden.

Ein Recht zum Besitz kann sich zunächst aus bestimmten *Verträgen* ergeben. So kann es zum Beispiel aus einem Miet-, Leih- oder Kaufvertrag herrühren. Jedoch wirken schuldrechtliche Rechtsbeziehungen nur relativ, d. h. ein Recht zum Besitz besteht *nur gegenüber dem Vertragspartner.*

Beispiel 1: E hat eine Maschine an M vermietet. Kann E von M Herausgabe der Maschine vor Ablauf der Mietzeit verlangen?

Lösung: Der E ist Eigentümer und der M Besitzer (§ 854 I) der Maschine. Aus dem Mietvertrag (§ 535) ergibt sich ein *Recht zum Besitz* i. S. d. § 986 I 1, 1. Alt. des M gegenüber E, so dass E den Anspruch aus § 985 nicht während der Mietzeit geltend machen kann.

Beispiel 2: E ist Eigentümer eines Fahrrads. D stiehlt das Fahrrad und vermietet es an M. Kann E von M Herausgabe des Fahrrads verlangen?

Lösung: Zwar hat M mit D einen Mietvertrag (§ 535) über das Fahrrad geschlossen. Wegen der relativen Wirkung schuldrechtlicher Verträge ergibt sich hieraus jedoch *kein* Recht zum Besitz des M gegenüber E. E kann von M also Herausgabe des Fahrrads gemäß § 985 verlangen.

Ein Besitzrecht kann sich ferner aus *dinglichen Rechten*, also zum Beispiel aus einem Pfandrecht oder Nießbrauch ergeben.

9

Beispiel 3: Eigentümer E hat dem V sein Klavier geliehen. V gerät in Geldnöte und nimmt daher bei B ein Darlehen auf. B will Sicherheiten für das Darlehen haben, so dass V dem B das dem E gehörende Klavier verpfändet. Hierzu übergibt V dem B das Klavier. B ist insoweit gutgläubig, als dass er V für den Eigentümer des Klaviers hält. Als E von der Verpfändung erfährt, verlangt er von B das Klavier heraus. Zu Recht?

Lösung: E ist Eigentümer, B ist nach §§ 1204, 1205, 854 I unmittelbarer Besitzer des Klaviers geworden. Dem B dürfte kein Recht zum Besitz gemäß § 986 I zustehen. Zwar war V als Nichteigentümer nicht berechtigt, dem B ein Pfandrecht an dem Klavier zu verschaffen. Jedoch hat B gutgläubig gemäß §§ 1204, 1205, 1207, 932 ein Pfandrecht an dem Klavier erworben. Das Pfandrecht des B ist sein eigenes (§ 986 I 1, 1. Alt.). Es ist ein dingliches (absolutes) Recht, wirkt also gegenüber jedermann. Daher kann B dem E das Pfandrecht entgegenhalten, wenn dieser Herausgabe des Klaviers verlangt.

Fraglich ist, ob auch das **Anwartschaftsrecht** ein absolutes Recht zum Besitz i. S. d. § 986 darstellt. Ein Anwartschaftsrecht entsteht zum Beispiel beim Eigentumsvorbehaltskauf, § 449 I. Der Verkäufer und der Käufer vereinbaren, dass das Eigentum an der Sache erst mit vollständiger Zahlung des Kaufpreises übergehen soll. Die dingliche Einigung über den Eigentumsübergang ist somit aufschiebend bedingt (§§ 929 S. 1, 158 I), vgl. Lektion 12.

Zwar gewährt der Kaufvertrag dem Käufer ein schuldrechtliches Recht zum Besitz (§§ 433, 449). Umstritten ist jedoch, ob auch das durch die dingliche Einigung (§§ 929 S. 1, 158 I) entstehende *Anwartschaftsrecht* ein absolutes Recht zum Besitz i. S. d. § 986 darstellt.

Beispiel 4: Eigentümer E leiht dem V seinen Computer. Nach Ablauf der Leihfrist soll V den Rechner an E zurückgeben. V schließt aber stattdessen mit dem gutgläubigen K einen Kaufvertrag (§ 433) über den Computer. Die Kaufpreiszahlung soll in Raten erfolgen. Es wird vereinbart, dass das Eigentum an dem Computer erst mit Zahlung der letzten Rate auf K übergehen soll (§ 449). Bevor K die letzte Rate an V bezahlt hat, verlangt E den Computer von K heraus. Kann E von K Herausgabe des Computers nach § 985 verlangen?

10
Lösung

1) Der K hat lediglich gutgläubig gemäß §§ 929 S.1, 158, 932 von V ein Anwartschaftsrecht erworben. E ist deshalb nach wie vor **Eigentümer** des Computers.

2) K ist **Besitzer** des Computers (§ 854 I).

3) E kann von K die Herausgabe des Computers verlangen, wenn K ihm gegenüber nicht zum **Besitz berechtigt** ist.

a) Der **Kaufvertrag** (§§ 433, 449) wirkt nur zwischen V und K und gibt K daher kein Besitzrecht gegenüber E.

b) Ein Recht zum Besitz gegenüber E könnte sich aus dem **Anwartschaftsrecht** des K ergeben, das er gutgläubig von V erworben hat. K kann jedoch das Anwartschaftsrecht dem E nur entgegenhalten, wenn es auch gegenüber Dritten, also absolut, wirkt.

aa) Nach einer Ansicht (BGHZ, 10, 69 ff. in: NJW 1953, 1099) ergibt sich aus dem Anwartschaftsrecht **kein absolutes Besitzrecht,** da das Anwartschaftsrecht gerade kein dingliches Recht sei. Es sei vielmehr vom schuldrechtlichen Grundgeschäft des Vorbehaltskaufs abhängig und erlösche, wenn der Bedingungseintritt unmöglich werde. Der Anwartschaftsberechtigte sei nicht schutzwürdig, da er den Erwerb des Volleigentums jederzeit durch Zahlung des Restkaufpreises herbeiführen und den Anspruch des Eigentümers aus § 985 somit beseitigen könne.

bb) Die Gegenansicht (OLG Karlsruhe, NJW 1966, 885 ff.) geht davon aus, dass das Anwartschaftsrecht **ein gegenüber jedermann wirkendes Besitzrecht** darstellt. Dem Anwartschaftsberechtigten sei das im Eigentum enthaltene Recht zum Besitz und zur Nutzung bereits übertragen worden. Zudem mache das Anwartschaftsrecht nur Sinn, wenn es den Anwartschaftsberechtigten auch dinglich absichere.

cc) Stellungnahme: Da das Anwartschaftsrecht ein „wesensgleiches Minus" zu der Rechtsposition „Eigentum" ist, ist der zweiten Ansicht zu folgen. Das Anwartschaftsrecht des K stellt somit ein Recht zum Besitz i. S. d. § 986 I 1. Alt. dar, so dass E von K nicht die Herausgabe des Computers nach § 985 verlangen kann.

Umstritten ist auch, ob das *Zurückbehaltungsrecht nach §§ 273, 1000* ein **Recht zum Besitz** begründet.

1) Nach einer Ansicht stellt das Zurückbehaltungsrecht ein *selbständiges Gegenrecht* dar, welches dem Anspruch aus § 985 entgegengehalten werden könne. Allerdings sei es *kein* Recht zum Besitz i.S.d. § 986 und schließe den Anspruch nach § 985 nicht aus. Bei Geltendmachung des Zurückbehaltungsrechts erfolgt nach dieser Ansicht eine Verurteilung auf Herausgabe Zug um Zug (§ 274 I) gegen Befriedigung der Gegenansprüche.

2) Eine andere Ansicht geht davon aus, dass das Zurückbehaltungsrecht ein Recht zum Besitz i. S. d. § 986 darstellt.

3) Stellungnahme: Das Zurückbehaltungsrecht dient der Sicherung von Ansprüchen, während das Recht zum Besitz vor der Herausgabepflicht schützt. Es ist daher der ersten Ansicht zu folgen. Ein Zurückbehaltungsrecht ist demnach als selbstständiges Gegenrecht anzusehen und stellt somit kein Recht zum Besitz i. S. des § 986 dar. Für das Ergebnis ist dieser Streit allerdings unerheblich, da nach beiden Ansichten eine Verurteilung Zug um Zug erfolgt.

Steht dem Besitzer kein *eigenes* Besitzrecht zu, so kann er sich gemäß § 986 I 1, 2. Alt. möglicherweise auf ein *abgeleitetes Besitzrecht* berufen. Ein abgeleitetes Besitzrecht besteht, wenn zwischen dem Eigentümer und einem Dritten ein Rechtsverhältnis existiert und der Besitzer von diesem Dritten sein Besitzrecht ableitet. Voraussetzung ist aber, dass der Dritte zur Besitzweitergabe befugt war.

Das abgeleitete Besitzrecht, § 986 I 1, 2. Alt.

1. Der unmittelbare Besitzer leitet sein Besitzrecht von einem Dritten ab, der nicht Eigentümer ist
2. Der Dritte ist dem Eigentümer gegenüber zum Besitz berechtigt
3. Der Dritte ist dem Eigentümer gegenüber zur Weitergabe des Besitzes berechtigt

Beispiel 5: Eigentümer E hat sein Haus an M vermietet und diesem die Untervermietung gestattet. M hat das Haus an U weitervermietet. Kann E von U Herausgabe des Hauses aus § 985 verlangen?

Lösung: E ist Eigentümer, der U ist Besitzer des Hauses. U hat mit M einen Mietvertrag (§§ 535, 549) geschlossen, aufgrund dessen er die Berechtigung hat, in dem Haus zu wohnen. Hieraus ergibt sich eine schuldrechtliche Besitzberechtigung des U, die aber nur gegenüber M besteht. Ein *eigenes* Besitzrecht des U gegenüber E besteht daher nicht.

Es könnte aber ein *abgeleitetes Besitzrecht* des U gemäß § 986 I 1, 2. Alt. bestehen. Dann müsste U sein Besitzrecht von M ableiten und M müsste seinerseits ein Besitzrecht gegenüber E haben. Vorliegend leitet U den Besitz von dem mittelbaren Besitzer M ab, mit dem er einen Mietvertrag geschlossen hat. M seinerseits ist dem E gegenüber aus dem Mietvertrag (§§ 535, 549) zum Besitz berechtigt. M war auch zur Besitzüberlassung an U berechtigt, so dass die Voraussetzung des § 986 I 1, 2. Alt. erfüllt ist. Folglich steht U ein abgeleitetes Besitzrecht (§ 986 I 1, 2. Alt.) gegenüber E zu. E kann von U nicht Herausgabe des Hauses aus § 985 verlangen.

Nach überwiegender Ansicht gilt § 986 I 1, 2. Alt. auch dann, wenn zwischen den Beteiligten keine *Besitzmittlungsverhältnisse* (zu diesem Begriff siehe Lektion 6) vorliegen. Es reicht aus, wenn eine „lückenlose Besitzrechtsbrücke" besteht.

Beispiel 6: Eine „Besitzrechtsbrücke" besteht z.b., wenn A seinen Golf an B und B ihn an C verkauft. C leitet dann sein Besitzrecht von B, B seins von A ab.

▶ Literatur zu dieser Lektion

📖 Kindl, **JA** 1996, 23 (Grundlagen zu § 985)

Lektion 2: Das Eigentümer-Besitzer-Verhältnis

Für Klausuren besonders relevant ist das sog. Eigentümer-Besitzer-Verhältnis (EBV). Liegt ein solches vor, stehen dem Eigentümer Ansprüche auf Nutzungsherausgabe sowie auf Schadensersatz (§§ 987-993) zu. Die Ansprüche nach §§ 987 ff. setzen das Vorliegen einer sog. *Vindikationslage* voraus. Dieser Begriff stammt aus dem römischen Recht, in dem sich der Eigentumsherausgabeanspruch aus dem Institut der „rei vindicatio" ergab.

Vindikationslage

Zum Zeitpunkt der Verletzungshandlung war
- **der Anspruchsteller Eigentümer der Sache**
- **der Anspruchsgegner Besitzer**
- **der Anspruchsgegner ohne Recht zum Besitz, § 986**

„Vindikationslage" meint, dass der Eigentümer zum Zeitpunkt der Verletzungshandlung gemäß § 985 einen durchsetzbaren Herausgabeanspruch gegen den Besitzer gehabt haben muss. Neben dem Vorliegen einer Vindikationslage setzen die §§ 987 ff. weitere Merkmale voraus. Das Haftungssystem nach §§ 987 ff. unterscheidet insbesondere nach *Gut- und Bösgläubigkeit.* Es ergibt sich die Wertung, dass grundsätzlich nur der bösgläubige, unrechtmäßige Besitzer haften soll.

Beispiel 1: D hat das Auto des E gestohlen und an den bösgläubigen B verkauft. B hat es zwei Jahre lang in Benutzung, bis er es durch einen von ihm verschuldeten Verkehrsunfall zerstört. Welche Ansprüche hat E gegen B?

Lösung

I. Ein Herausgabeanspruch nach § 985 in Bezug auf das Auto kommt nicht in Betracht, da dieses zerstört ist. Nach § 985 könnte E nur den Schrott herausverlangen.

14

II. Anstelle des Anspruchs auf Herausgabe des Autos nach § 985 könnte dem E ein Anspruch auf Schadensersatz aus §§ **989, 990 I** zustehen. Dieser setzt zunächst das Vorliegen einer *Vindikationslage* im Zeitpunkt des schädigenden Ereignisses voraus.

1) E müsste zum Zeitpunkt des Verkehrsunfalls also noch **Eigentümer** des PKWs gewesen sein. Das Eigentum am PKW könnte B von D erworben haben. B war jedoch bösgläubig (§ 932) und ein Eigentumserwerb an gestohlenen Sachen wäre ohnehin nicht möglich gewesen (§ 935), so dass E durch die Übereignung von D an B sein Eigentum an dem Fahrzeug nicht verloren hat.

2) B war **Besitzer** (§ 854 I) des Autos.

3) Der Kaufvertrag gab dem B **kein Besitzrecht** gegenüber E, so dass eine Vindikationslage zum Zeitpunkt der Zerstörung vorlag.

4) Ferner müssten die weiteren Voraussetzungen der §§ 989, 990 I gegeben sein. B war im Zeitpunkt der Zerstörung *bösgläubig*, das Fahrzeug ist infolge der Zerstörung „untergegangen" und B hat den Untergang *verschuldet* (§ 276). Folglich steht E ein Anspruch auf Schadensersatz gemäß §§ 989, 990 I gegen B zu.

III. Außerdem kann E einen Anspruch auf Nutzungsherausgabe gemäß §§ **989, 987 I** wegen der Benutzung des Autos und der damit erlangten Gebrauchsvorteile geltend machen.

Die §§ 989 ff. gelten uneingeschränkt, wenn der Besitzer zu keiner Zeit ein Recht zum Besitz hatte, der Herausgabeanspruch nach § 985 also während der ganzen Besitzzeit bestand. Es gibt jedoch *Sonderfälle*, in denen die Frage, ob ein Recht zum Besitz und damit eine Vindikationslage bestand, umstritten ist:

   I. **Überschreitung des Besitzrechts**
  II. **Umwandlung von Fremd- in Eigenbesitz**
 III. **Nicht-mehr-berechtigter Besitzer.**

I. Überschreitung des Besitzrechts

Ist der Besitzer im Zeitpunkt der Verletzungshandlung aufgrund eines Vertrages zum Besitz berechtigt, ist sein Verhalten jedoch vertragswidrig, stellt sich die Frage, ob sein Besitz „unrechtmäßig" ist. Teilweise wird der sein Besitzrecht überschreitende Besitzer als „nicht-so-berechtigt" und damit als nichtberechtigt angesehen. Jedoch bleibt auch bei einer vertragswidrigen Nutzung der Vertrag an sich bestehen, so dass das Besitzrecht nicht entfällt. Die Überschreitung des Besitzrechts kann zu Ansprüchen aus Vertrag und Delikt führen, so dass für die Anwendung der §§ 987 ff. auch kein Bedürfnis besteht. Der „nicht-so-berechtigte" Besitzer wird daher nach h.M. nicht zum unrechtmäßigen Besitzer i. S. d. §§ 985 ff.

Beispiel 2: Mieter M kommt auf die Idee, an dem im Wohnzimmer hängenden Kronleuchter zu schaukeln. Dabei wird die Decke beschädigt, was M bewusst in Kauf genommen hat. Der Vermieter V verlangt Schadensersatz.

Lösung: Dem V steht gegen M ein vertraglicher Anspruch auf Schadensersatz gemäß §§ 535 I, 280 I, 241 II zu. Fraglich ist, ob daneben ein Anspruch aus §§ 989, 990 besteht. M hat jedoch ein Recht zum Besitz aus dem Mietvertrag (§ 535 I 1), welches auch bei vertragswidriger Nutzung *nicht entfällt*. Mangels einer Vindikationslage kommt daher nach h.M. ein Anspruch aus §§ 989, 990 I nicht in Betracht. Ferner haftet M dem V gemäß § 823 I wegen einer rechtswidrigen und schuldhaften Eigentumsverletzung. Im Übrigen besteht eine Haftung gemäß § 823 II i. V. m. § 303 StGB auf Schadensersatz.

II. Umwandlung von Fremd- in Eigenbesitz

Aus § 872 ergibt sich, dass Eigenbesitzer ist, wer eine Sache als *ihm gehörend* besitzt. Demnach ist *Fremdbesitzer*, wer eine Sache als *einem anderen gehörend* besitzt.

Fraglich ist, ob derjenige, der zunächst rechtmäßiger Fremdbesitzer war, durch Umwandlung seines Fremdbesitzes in Eigenbesitz zum unrechtmäßigen Besitzer wird.

1) Teilweise wird angenommen, in der Änderung des Besitzwillens liege eine unrechtmäßige Besitzbegründung, auch wenn kein neues tatsächliches Herrschaftsverhältnis begründet wird. Fremd- und Eigenbesitz seien nämlich wesensverschiedene Besitzarten, die gesondert beurteilt werden müssten. Daher seien die §§ 987 ff. anwendbar.

2) Die Gegenansicht geht davon aus, dass die Umwandlung von Fremd- in Eigenbesitz die Rechtmäßigkeit des Besitzes nicht berührt. Die Umwandlung sei nicht als neue Besitzbegründung anzusehen. Eine Haftung erfolge daher nur unmittelbar aus § 823 I und gegebenenfalls aus Vertrag.

Beispiel 3: E hat dem B ein Buch geliehen. Als B erfährt, dass E nach Hawaii ausgewandert ist, beschließt er, das Buch zu veräußern. B glaubt nicht, dass E es zurückverlangen wird. B veräußert das Buch daraufhin an X. Später fordert E von B Schadensersatz für das Buch. Zu Recht?

Lösung

I. E könnte gegen B einen Anspruch auf Schadensersatz gemäß **§§ 604 I, 280 I, III, 283** haben. Durch den Verkauf des Buches ist B die aus § 604 I resultierende Pflicht zur Herausgabe des Buches unmöglich geworden (§ 275 I). B hat die Unmöglichkeit gemäß § 276 I zu vertreten. Folglich steht E gegen B ein vertraglicher Schadensersatzanspruch gemäß §§ 604 I, 283, 280 I zu.

II. Weiterhin könnte ein Schadensersatzanspruch des E gemäß **§§ 989, 990 I 1** gegen B bestehen. E war **Eigentümer** des Buches, B war **Besitzer**. B stand ein **Recht zum Besitz** aus dem Leihvertrag (§ 598) zu. Durch den Verkauf hat B den ehemals berechtigten *Fremdbesitz* in *unberechtigten Eigenbesitz* umgewandelt. Geht man davon aus, dass die Umwandlung von Fremd- in Eigenbesitz keine neue Besitzbegründung darstellt, lag keine Vindikationslage nach §§ 985, 986 vor und ein Anspruch nach §§ 989, 990 kommt nicht in Betracht. B haftet jedoch neben dem vertraglichen Schadensersatzanspruch auch nach § 823 I.

III. Nicht-mehr-berechtigter Besitzer

War der Besitzer im Zeitpunkt der Besitzübertragung vertraglich zum Besitz berechtigt, hat er den Besitz jedoch nach Beendigung des Vertragsverhältnisses behalten, ist die Anwendbarkeit der §§ 987 ff. fraglich. Das Besitzrecht kann etwa durch *Rücktritt* oder *Kündigung*, ex-nunc wirkende Gestaltungsrechte also, entfallen.

1) Teilweise wird die Anwendung der §§ 987 ff. beim nachträglichen Wegfall der Berechtigung als generell ausgeschlossen angesehen, da die vertraglichen und deliktischen Ansprüche ausreichten.

2) Nach anderer Ansicht stellen die §§ 987 ff. eine *haftungssteigernde Auffangregelung* dar, die zum allgemeinen Haftungsrahmen hinzutreten.

Beispiel 4: E hat an K unter Eigentumsvorbehalt einen Videorecorder verkauft. Da K den Kaufpreis nicht bezahlt, tritt E vom Kaufvertrag gemäß § 323 zurück. An einem darauffolgenden Abend verschüttet K aus Unachtsamkeit ein Glas Wein über den Videorecorder, so dass dieser stark beschädigt wird. Welche Ansprüche hat E?

Lösung: K haftet dem E aus Vertrag gemäß **§ 346 I, II Nr. 3** auf Rückgabe bzw. auf Wertersatz wegen der Beschädigung des Videorecorders. Ferner könnte ein Anspruch auf Schadensersatz gemäß **§§ 989, 990 I** gegeben sein. Da einem Eigentümer gegen einen „Nicht-mehr-berechtigten" Besitzer Ansprüche aus Vertrag und Delikt zustehen, besteht jedoch kein Bedürfnis dafür, die Vorschriften des EBV als „haftungssteigernde Auffangregelungen" hinzuzuziehen (str.). Ein Anspruch des E gegen K gemäß §§ 989, 990 I besteht daher nicht. Neben dem vertraglichen Anspruch kommt ein Anspruch aus § 823 I wegen Eigentumsverletzung in Betracht.

Lektion 3: Ansprüche auf Schadensersatz, §§ 989 ff.

I. Die Haftung des bösgläubigen oder verklagten Besitzers nach §§ 989, 990

1. Vindikationslage im Zeitpunkt der Verletzungshandlung
2. Besitzer war bösgläubig oder verklagt
3. Sache ist verschlechtert, untergegangen etc.
4. Verschulden des Besitzers

Die §§ 989, 990 setzen neben einer Vindikationslage voraus, dass der Besitzer *bösgläubig* oder *verklagt* war.

Bösgläubig ist, wer bei Besitzerwerb den Mangel seines Besitzrechts kennt oder grobfahrlässig nicht kennt. Wird der unrechtmäßige Besitzer erst später bösgläubig, so haftet er vom Zeitpunkt der Kenntnis an, § 990 I 2.

Dem Bösgläubigen gleichgestellt ist der sog. *Prozessbesitzer.*

Prozessbesitzer ist derjenige, dem eine Klage auf Herausgabe der Sache zugestellt worden ist. Ab diesem Zeitpunkt tritt die von § 989 vorausgesetzte *Rechtshängigkeit* ein, vgl. §§ 261 I, 253 I ZPO.

Die strenge Haftung des Bösgläubigen und des Prozessbesitzers nach §§ 989, 990 wird damit begründet, dass beide damit rechnen müssen, die Sache herausgeben zu müssen. Wenn sie die Sache trotzdem weiterverwenden, sollen sie für die dadurch entstehenden Verschlechterungen auch haften.

„Verschulden" i. S. d. § 989 ist im Sinne von § 276 zu verstehen. Erfasst ist also jedes vorsätzliche oder fahrlässige Verhalten.

Die Anwendbarkeit des § 276 ergibt sich schon daraus, dass das EBV ein *gesetzliches Schuldverhältnis* ist und § 276 auf alle Schuldverhältnisse anwendbar ist.

Für die **Klausur** hat sich folgende Formel bewährt: *Verschulden* ist jedes zurechenbare, freiwillige Verhalten.

Verschuldet ist damit auch zum Beispiel die Wertminderung, die infolge der Weiterbenutzung einer Sache eintritt.

Beispiel 1: Dieb D stiehlt dem Eigentümer E eine Porzellanvase und verkauft sie an den Sammler S. S erkennt dabei leicht fahrlässig nicht, dass die Vase gestohlen wurde. S lässt die Vase fahrlässig fallen, so dass sie zerstört wird. E hat zwischenzeitlich von dem Verkauf an S erfahren. Er verlangt nun von S Schadensersatz aus §§ 989, 990 für die zerstörte Vase. Zu Recht?

Lösung

E könnte gegen S einen Anspruch auf Schadensersatz gemäß §§ 989, 990 I haben.

1) Zunächst müsste eine **Vindikationslage** (§ 985) im Zeitpunkt der Verletzungshandlung vorgelegen haben. Als die Vase zerstört wurde, war E Eigentümer der Vase, der S Besitzer (§ 854 I). S hatte gegenüber E kein Recht zum Besitz, insbesondere nicht aus dem Kaufvertrag, da dieser nur zwischen D und S wirkte. Es bestand also eine Vindikationslage.

2) Ferner müsste S bei Besitzerwerb (also beim Ankauf) *bösgläubig* gewesen sein. S hatte von dem Diebstahl und damit von dem Mangel seines Besitzrechts aber weder Kenntnis noch grob fahrlässig Unkenntnis. Er hat davon auch nicht später erfahren. Also war S gutgläubig. Demnach scheidet ein Anspruch gemäß §§ 989, 990 aus.

Beispiel 2: Wie *Beispiel 1*. Jedoch wusste S beim Ankauf, dass D die Vase gestohlen hatte. E verlangt nun von S Schadensersatz aus §§ 989, 990 für die zerstörte Vase. Zu Recht?

Lösung

1) Eine **Vindikationslage** bestand zum Zeitpunkt der Zerstörung (s.o.).

2) S war hier **bösgläubig**, weil er wusste, dass D die Vase gestohlen hatte und ihm somit kein Recht zum Besitz zustand.

3) Die Vase ist infolge der Zerstörung **untergegangen.**

4) Es müsste ein **Verschulden** des S gegeben sein. Verschulden i. S. d. § 989 ist jedes zurechenbare freiwillige Verhalten. S hat die Vase fahrlässig fallengelassen. Ein Verschulden des S ist gegeben. Demnach schuldet S dem E Schadensersatz gemäß §§ 989, 990 I.

Beispiel 3: Wie *Beispiel 1.* Jedoch war dem S einen Tag vor der Zerstörung der Vase die Herausgabeklage des E zugestellt worden. E verlangt nun von S Schadensersatz aus §§ 989, 990 für die zerstörte Vase. Zu Recht?

Lösung

1) Eine **Vindikationslage** bestand zum Zeitpunkt der Zerstörung (s.o.).

2) Die Klage des E war durch Zustellung an S rechtshängig i.s.d. § 989. S war hier also **Prozessbesitzer.**

3) Die Vase ist infolge der Zerstörung **untergegangen.**

4) Ein **Verschulden** des S ist infolge seiner Fahrlässigkeit gegeben. Demnach schuldet S dem E Schadensersatz gemäß §§ 989, 990 I.

Oft kommt es vor, dass jemand einen sog. *Besitzdiener* (vgl. dazu Lektion 6) für sich den Besitz erwerben lässt. Ist dieser Besitzdiener bösgläubig, so wird seine Bösgläubigkeit nach h.M. analog § 166 I dem Besitzherrn zugerechnet, wenn der Besitzdiener (wie ein Stellvertreter) *selbständig* und *eigenverantwortlich* über den Besitzerwerb entscheiden konnte.

---

§ 166 I bringt den allgemeinen Gedanken zum Ausdruck, dass derjenige, der sich im Rechtsverkehr Hilfspersonen bedient, für diese einstehen muss.

Beispiel 4: Wie *Beispiel 1.* Jedoch betreibt S einen Antiquitätenladen. Nicht er, sondern sein eigenverantwortlich handelnder Angestellter A hat die Vase gekauft. Dabei war A bösgläubig. Kann E nach der Zerstörung der Vase Schadensersatz nach §§ 989, 990 von S fordern?

Lösung

1) Eine **Vindikationslage** bestand zum Zeitpunkt der Zerstörung (s.o.).

2) S selbst war hier nicht **bösgläubig**. Jedoch wird ihm nach § 166 I analog die Bösgläubigkeit des eigenverantwortlich handelnden A zugerechnet.

3) Die Vase ist infolge der Zerstörung **untergegangen**.

4) Ein **Verschulden** des S ist infolge seiner Fahrlässigkeit gegeben. Demnach schuldet S dem E Schadensersatz gemäß §§ 989, 990 I.

Hinweis: Die Zurechnung der *Bösgläubigkeit* ist gesetzlich nicht geregelt. Diskutiert wird daher, in entsprechender Anwendung statt § 166 I den § 278 oder den § 831 heranzuziehen. Gegen § 278 spricht, dass es bei der Zurechnung der Bösgläubigkeit nicht um Verschulden geht. Außerdem besteht vor Besitzbegründung gerade noch *keine* Sonderverbindung zwischen dem Geschäftsherrn und dem Eigentümer der Sache. Teilweise wird die analoge Anwendung des § 831 befürwortet, da §§ 987 ff. deliktsähnlich seien. Diese Ansicht ist abzulehnen, da es bei § 831 um eine Schadensersatzverpflichtung und nicht um eine Wissenszurechnung geht. Ferner haftet der Geschäftsherr bei § 831 für eigenes Auswahl- oder Überwachungsverschulden, so dass es auf subjektive Elemente wie die Bösgläubigkeit bei § 831 nicht ankommt.

Da das EBV ist ein gesetzliches Schuldverhältnis ist, wird ein **Verschulden des Besitzdieners** dem Geschäftsherrn gemäß § 278 grds. zugerechnet. Das EBV beginnt mit dem Besitzerwerb.

Beispiel 5: Der Angestellte A erwirbt bei D eine Vase für seinen Chef S. A weiß, dass D die Vase von E gestohlen hat. Der Chef S weiß von dem Diebstahl nichts. Als A die Vase zu S bringen will, lässt er sie aus Unachtsamkeit fallen und beschädigt sie dadurch. Kann E von S Schadensersatz nach §§ 989, 990 I verlangen?

Lösung

1) Vindikationslage: E ist Eigentümer der Vase geblieben, da ein gutgläubiger Erwerb des S schon wegen § 935 ausgeschlossen war. S war Besitzer der Vase, da A nur als Besitzdiener i. S. d. § 855 anzusehen war. Dem S stand gegenüber E kein Besitzrecht zu, es bestand also eine Vindikationslage.

2) Bösgläubigkeit: A wusste, dass die Vase gestohlen war. Er war also bösgläubig. A trat D gegenüber eigenverantwortlich auf, so dass § 166 I analog zur Anwendung kommt. Folglich wird dem Chef S die Bösgläubigkeit des A zugerechnet.

3) Durch das Fallenlassen ist die Vase beschädigt und damit **verschlechtert** worden.

4) Verschulden: A hat die Vase aus Unachtsamkeit fallen lassen, so dass er fahrlässig gemäß § 276 I, II und folglich schuldhaft handelte. Sein Verschulden wird dem S gemäß § 278 zugerechnet, da mit Besitzerwerb des A ein gesetzliches Schuldverhältnis (EBV) entstanden ist. Die Voraussetzungen der §§ 989, 990 I liegen folglich vor. E hat gegen S einen Anspruch auf Schadensersatz gemäß §§ 989, 990 I.

Erleidet der Eigentümer einen sog. **Vorenthaltungsschaden**, so wird dieser über §§ 990 II, 286 I ersetzt. Ein Vorenthaltungsschaden ist ein Schaden, der infolge der verspäteten Rückgabe der Sache entsteht. Dazu muss der bösgläubige Besitzer allerdings regelmäßig zuerst durch eine *Mahnung* in Verzug gesetzt werden.

Beispiel 6: Hat E im Beispiel 5 die Vase für 100 Euro pro Monat an das Museum M vermietet, so kann er diesen Betrag erst als Schaden ersetzt verlangen, nachdem er S gemäß § 286 I in Verzug gesetzt hat.

Der bösgläubige (nicht der verklagte) Besitzer haftet ferner *ohne Verschulden*, wenn er sich im Verzug befindet, §§ 990 II, 287 S. 2.

II. Die Haftung des Deliktsbesitzers nach §§ 992, 823, 249

> 1. **Vindikationslage im Zeitpunkt der Verletzungshandlung**
> 2. **Besitz durch verbotene Eigenmacht oder Straftat erlangt**
> 3. **Schuldhafte, rechtswidrige Eigentumsverletzung gemäß § 823 I (Rechtsgrundverweisung)**

Der Regelungszweck der §§ 987 ff. ist, den gutgläubigen und unverklagten Besitzer zu privilegieren. Daher stellen die Vorschriften des EBV grundsätzlich *abschließende Sonderregelungen* bezüglich des Schadensersatzes, des Nutzungsersatzes und des Verwendungsersatzes dar. Dies ergibt sich nach ganz h.M. aus § 992 und aus dem zweiten Hauptsatz des § 993 I: „im Übrigen ist er weder zur Herausgabe von Nutzungen noch zum Schadensersatze verpflichtet". Somit wird § 823 grundsätzlich bei Vorliegen eines EBV verdrängt.

Klausurtipp: Liegt ein EBV vor, so dürfen Schadensersatzansprüche aus § 823 direkt nicht geprüft werden! Es ist ein schwerer (und für die Benotung tödlicher!) Fehler, Schadensersatzansprüche unmittelbar aus § 823 zu prüfen, obwohl ein EBV vorliegt. Daher sind die §§ 987 ff. zwingend *vor § 823* zu prüfen. Verneint man das Vorliegen eines EBV, sind Schadensersatzansprüche aus § 823 direkt möglich.

Hat sich jemand den Besitz an einer Sache durch schuldhaft *verbotene Eigenmacht* (§ 858 I) oder durch eine *Straftat*, die sich gegen die Art und Weise der Besitzverschaffung richtet (z.B. §§ 242, 249, 259, 263 StGB), verschafft, soll er nicht nur nach §§ 989, 990, sondern über § 992 auch nach §§ 823 ff. haften. Die Besonderheit der Haftung nach §§ 823 ff. liegt in der verschärften Zufallshaftung nach § 848 und darin, dass auch der Vorenthaltungsschaden *ohne Mahnung* ersetzt wird.

Eine **schuldhaft verbotene Eigenmacht** liegt vor, wenn der Handelnde weiß oder fahrlässig nicht weiß, dass er eine verbotene Eigenmacht begeht. In der Variante des Besitzerwerbs durch eine **Straftat** muss der Besitz *durch die Straftat erworben* sein. Ausreichend ist nicht eine Straftat *während* der Besitzzeit.

§ 992 enthält eine *Rechtsgrundverweisung* auf die Regeln der unerlaubten Handlungen. Schadensersatz steht dem Eigentümer also nur zu, wenn der unrechtmäßige Besitzer tatbestandsmäßig, rechtswidrig und mit Verschulden den § 823 I bzw. § 823 II verwirklicht hat.

Beispiel 7: B hat dem E ein Autoradio gestohlen. Bei einem von B nicht zu vertretenden Brand wird das Autoradio zerstört. Eigentümer E verlangt von B Schadensersatz aus §§ 992, 823. Zu Recht?

Lösung

1) Vindikationslage: E war Eigentümer des Autoradios. B war Besitzer ohne Recht zum Besitz. Eine Vindikationslage war zum Zeitpunkt des Brandes gegeben.

2) Straftat bzw. verbotene Eigenmacht: B hat sich den Besitz durch einen Diebstahl verschafft. § 242 StGB bedroht gerade die Art und Weise der Besitzverschaffung mit Strafe. Eine *Straftat* liegt vor. Ferner hat B dem Besitzer E ohne dessen Willen den Besitz entzogen. *Verbotene Eigenmacht* nach § 858 I liegt ebenfalls vor.

3) Voraussetzungen des § 823 I: Mit der Entziehung des Radios hat B auch eine rechtswidrige und schuldhafte **Eigentumsverletzung** begangen und somit den Tatbestand des § 823 I verwirklicht. Zwar wurde das Autoradio ohne Verschulden des B zerstört. Gemäß § 848 haftete B jedoch auch für Zufall.

4) Daneben ist **§ 823 II i.V.m. § 242 StGB** verwirklicht. E hat daher gegen B einen Anspruch auf Schadensersatz gemäß §§ 992, 823 I, 848 und 992, 823 II i.V.m. § 242 StGB.

III. Die Haftung nach §§ 823 ff. direkt

Da die §§ 987 ff. eine abschließende Sonderreglung darstellen, dürfen etwaige Schadensersatzansprüche aus § 823 I, II bei Vorliegen eines Eigentümer-Besitzer-Verhältnisses (Vindikationslage) grundsätzlich *nicht* geprüft werden. Anwendbar ist § 823 I, II nach ganz h.M. normalerweise nur dann, wenn die Voraussetzungen des § 992 (Straftat oder verbotene Eigenmacht) vorliegen. Diskutiert wird jedoch eine Anwendung der §§ 823 ff. unmittelbar (also ohne § 992) in den folgenden zwei Ausnahmefällen:

- Es liegt ein **Fremdbesitzerexzess** vor.
- Der Besitzer war beim Besitzerwerb **bösgläubig**.

Ein **Fremdbesitzerexzess** ist gegeben, wenn der Fremdbesitzer sein vermeintliches Besitzrecht überschreitet. Der
rechtmäßige Besitzer, der mangels EBV nach § 823 direkt
haftet, soll nicht schlechter dastehen als der unrechtmäßige
Besitzer. Der sein vermeintliches Besitzrecht Überschreitende ist nicht schutzwürdig. Daher wird nach h.m. die Vorschrift
des § 993 I, 2. Hs. teleologisch reduziert. Die §§ 823 ff. werden deshalb *unmittelbar* angewendet.

Beispiel 8: M mietet von V eine möblierte Wohnung. M zertrümmert den
Kleiderschrank. Hat V Ansprüche aus einem EBV? Hat er ggf. sonstige
Ansprüche?

Lösung

1) Vindikationslage: V ist Eigentümer, M Besitzer des Kleiderschranks. M
hat jedoch aus dem Mietvertrag ein Recht zum Besitz. Eine Vindikationslage besteht nicht. Es liegt hier also der Exzess eines *berechtigten* Fremdbesitzers vor.

2) M haftet gemäß § 823 I (Eigentumsverletzung) und gemäß **§ 823 II
i.V.m.** § 303 StGB (Sachbeschädigung). Die direkte Anwendung des
§ 823 scheitert mangels Vindikationslage nicht an § 993 I 2. Hs.

3) M haftet auch aus **Vertrag**, §§ 535 I, 280 I, 241 II.

Beispiel 9: Abwandlung zu *Beispiel 8:* V ist unerkannt geisteskrank. M
glaubt an die Wirksamkeit des Mietvertrages. M zertrümmert den Kleiderschrank. Hat V Ansprüche aus einem EBV ? Hat er ggf. sonstige Ansprüche?

Lösung

1) Vindikationslage: V ist Eigentümer, M Besitzer des Kleiderschrankes.
Wegen §§ 104 Nr. 2, 105 I ist der Mietvertrag nichtig, so dass M *kein*
Recht zum Besitz hat. Eine Vindikationslage besteht. Es liegt hier also der
Exzess eines *nichtberechtigten* Fremdbesitzers vor.

2) Ein Anspruch aus §§ 989, 990 I scheitert daran, dass M an die Wirksamkeit des Mietvertrages glaubt und somit gutgläubig ist.

3) Eine Haftung aus **§ 823 I** scheitert grds. an § 993 I 2. Hs. Dies wäre
jedoch unbillig, denn bei Wirksamkeit des Mietvertrages würde M aus Vertrag (§§ 535 I, 280 I) und aus Delikt (§ 823 I, § 823 II i. V. m. § 303 StGB)

haften. Der Mieter soll nicht dadurch privilegiert werden, dass der Vertrag unwirksam ist. Daher kommt nach h.M. beim Fremdbesitzerexzess § 823 ausnahmsweise unmittelbar zur Anwendung. V hat gegen M einen Anspruch aus § 823 I, II.

Als zweite Ausnahme wird diskutiert, ob auch der **bösgläubige Besitzer** unmittelbar nach § 823 I, II haftet. Dafür spricht, dass der bösgläubige Besitzer nicht schutzwürdig ist. Dagegen spricht jedoch der Wortlaut des § 993 I, 2. Hs. und die Ausnahmevorschrift des § 992. Daher ist mit der h.M. eine unmittelbare Anwendung des § 823 I, II auf den bösgläubigen Besitzer abzulehnen.

Falls in einer Klausur einer der beiden o.g. Ausnahmefälle zu diskutieren ist, sollte die Frage der unmittelbaren Anwendbarkeit des § 823 I, II mit folgendem Satz eingeleitet werden:

„Grundsätzlich ist bei Schadensersatzansprüchen nach dem Wortlaut des § 993 I, 2. Hs. und der Ausnahmevorschrift des § 992 eine unmittelbare Anwendung des § 823 I, II ausgeschlossen. Eine Ausnahme von diesem Grundsatz wird jedoch für den *bösgläubigen* Besitzer und für den *Fremdbesitzerexzess* diskutiert“.

Dadurch erkennt der Korrektor, dass der Charakter der §§ 987 ff. als Sonderregelung gegenüber § 823 bekannt ist. Es ist wie gesagt ein schwerer Fehler, Schadensersatzansprüche aus § 823 direkt zu prüfen, obwohl eine Vindikationslage besteht!

Durch das EBV werden nach ganz h.M. folgende Ansprüche *nicht* verdrängt:

- § 826 (sittenwidrige vorsätzliche Schädigung)
- §§ 687 II, 678 (angemaßte Eigengeschäftsführung)

Der Grund hierfür ist, dass jemand, der einem anderen vorsätzlich Schaden zufügt bzw. bewusst ein fremdes Geschäft als sein eigenes führt, nicht schutzwürdig ist.

IV. Haftung des gutgläubigen Fremdbesitzers nach §§ 991 II, 989

1. Vindikationslage im Zeitpunkt der Verletzungshandlung
2. Gutgläubiger Besitzerwerb des Besitzers
3. Untergang oder Verschlechterung der Sache
4. Verschulden
5. Verantwortlichkeit gegenüber dem mittelbaren Besitzer

Die Haftung des unrechtmäßigen, gutgläubigen Fremdbesitzers, der für einen Dritten den Besitz ausübt, ist in § 991 II unvollständig geregelt. Aus § 991 II lässt sich die Wertung entnehmen, dass zwar grundsätzlich auch der gutgläubige Fremdbesitzer von der Haftung nach EBV ausgenommen sein soll, jedoch nur, soweit er sich im Rahmen seines vermeintlichen Besitzrechts hält. Denn anders als der gutgläubige Eigenbesitzer ist sich der Fremdbesitzer darüber bewusst, dass er eine fremde Sache besitzt und daher zur Rechenschaft gezogen werden kann. § 991 II wird daher auch als gesetzlich geregelter Fall des Fremdbesitzerexzesses bezeichnet und wird zur Begründung der bereits dargestellten Ausnahme zu §§ 992, 993 I 2. Hs. herangezogen.

§ 991 II besagt folgendes: Leitet der gutgläubige Besitzer sein Besitzrecht nicht vom Eigentümer, sondern von einem Dritten ab, erhält der Eigentümer einen eigenen Schadensersatzanspruch gegen den Besitzer, wenn dieser dem Dritten gegenüber verantwortlich ist. Die Norm ähnelt damit einem Vertrag mit Schutzwirkung zugunsten Dritter, da dem Eigentümer gegen den Besitzer, der nicht sein Vertragspartner ist, ein eigener Schadensersatzanspruch zusteht.

Beispiel 10: Der gutgläubige B mietet von V ein Fahrrad, das E gestohlen wurde. B fährt absichtlich mehrfach gegen eine Mauer und beschädigt dadurch das Fahrrad. Hat E Ansprüche aus einem EBV? Hat er sonstige Ansprüche?

Lösung

1) Vindikationslage: E war zum Zeitpunkt der Beschädigung Eigentümer, der B Besitzer. Hatte B ein Recht zum Besitz? Ein *eigenes* Besitzrecht des B gegenüber E ist nicht ersichtlich. Insbesondere wirkt der Mietvertrag nur zwischen V und B. Aber auch ein von V *abgeleitetes* Besitzrecht besteht nicht, da V gegenüber E kein Besitzrecht hatte, das er an B per Mietvertrag hätte „weitergeben" können. Folglich war eine Vindikationslage zwischen E und B gegeben.

2) Eine Haftung des B nach §§ 989, 990 I scheitert an seiner **Gutgläubigkeit**.

3) Jedoch soll B gegenüber dem E so haften, wie er auch dem V haften müsste. B ist dem V aus Mietvertrag für die Beschädigung des Fahrrads verantwortlich (§§ 535, 280 I). B hat die Beschädigung des Fahrrads verschuldet (§ 276 I), so dass die Voraussetzungen seiner **Haftung gegenüber E gemäß §§ 991 II, 989** erfüllt sind. E kann von B also Schadensersatz gemäß §§ 991 II, 989 fordern. Daneben kommt wegen des Fremdbesitzerexzesses des B ausnahmsweise eine direkte Anwendung des § 823 I und des § 823 II i.V.m. § 303 StGB in Betracht.

Ansprüche auf Schadensersatz im EBV

§§ 989,990 bei bösgläubigem oder verklagtem Besitzer
§§ 990 II, 286 I bei Verzug des Besitzers
§§ 992, 823 bei Straftat oder verbotener Eigenmacht
§§ 991 II, 989 bei gutgläubigem Fremdbesitzer, der die
            Sache von einem Dritten erhalten hat
§§ 823 I, 823 II grds. im EBV nicht direkt anwendbar;
            umstritten bei Fremdbesitzerexzess
            oder Bösgläubigkeit
§ 826 und §§ 687 II, 678 immer im EBV anwendbar

▶ **Literatur zu dieser Lektion**

📖 Schreiber, **Jura** 1992, 356; 533 (EBV - Grundfälle)
📖 Roth, **JuS** 1997, 518; 710; 897; 1087 (EBV - Grundfälle)
📖 Müller, **JuS** 1983, 516 (EBV – Verhältnis zu anderen Vorschriften)

Lektion 4: Ansprüche auf Nutzungsersatz, §§ 987 ff.

Neben dem Anspruch auf Schadensersatz steht dem Eigentümer gegen den unrechtmäßigen Besitzer auch ein Anspruch auf Nutzungsersatz zu. Nach der Legaldefinition des § 100 sind Nutzungen zunächst die *Früchte* (§ 99) einer Sache. Hierzu gehören die unmittelbaren (§ 99 I, II) und die mittelbaren (§ 99 III) Sachfrüchte. Ferner sind Nutzungen nach § 100 die Vorteile, welche der Gebrauch der Sache gewährt. Eine Nutzung ist nur möglich, solange die Muttersache erhalten bleibt. Keine Nutzung ist zum Beispiel die Veräußerung und der Verbrauch der nach § 985 herauszugebenden Sache.

Beispiel 1: Das Ei eines Huhnes ist das Erzeugnis des Huhnes, das bestimmungsgemäß vom Huhn gewonnen wird. Damit ist das Ei eine unmittelbare Sachfrucht gemäß § 99 I und stellt somit eine Nutzung i. S. d. §§ 100, 987 dar.

Beispiel 2: Die Miete für die Gebrauchsüberlassung einer Sache ist ein Ertrag, den die Sache vermöge eines Rechtsverhältnisses - des Mietvertrages - gewährt. Somit ist die Miete eine mittelbare Sachfrucht gemäß § 99 III und damit eine Nutzung.

Beispiel 3: Der Gebrauch eines Fahrrads oder Autos gewährt den Vorteil erleichterter Fortbewegung und stellt damit einen Gebrauchsvorteil i. S. d. § 100 und folglich eine Nutzung dar.

I. Nutzungsherausgabe gegen den bösgläubigen oder verklagten Besitzer, § 987 I und §§ 990 I, 987 I

1. Vindikationslage zum Zeitpunkt der Nutzungsziehung
2. Bösgläubigkeit oder Rechtshängigkeit
3. RF: Herausgabepflicht bzgl. der Nutzungen:
   - Sind die Nutzungen nicht mehr vorhanden, ist grundsätzlich Wertersatz geschuldet
   - Nach § 987 II auch Ersatz der *nicht gezogenen* Nutzungen

30

Der unrechtmäßige Besitzer ist verpflichtet, alle Nutzungen herauszugeben, die er nach dem Eintritt der Rechtshängigkeit (§ 987 I) oder der Bösgläubigkeit (§§ 987 I, 990 I) zieht. Ist der Eigentümer der Muttersache Eigentümer des Erzeugnisses geworden, so hat er zusätzlich neben dem Anspruch aus § 985 auf Herausgabe des Erzeugnisses einen Anspruch auf Herausgabe nach § 987 I bzw. §§ 990, 987 I.

Beispiel 4: D stiehlt eine Kuh des E und verkauft und übergibt sie an den gutgläubigen B. B hält sich nun für den Eigentümer der Kuh. Kurz nachdem E den B über den Diebstahl informiert hat, bekommt die Kuh ein Kälbchen. Als E davon erfährt, verlangt er das Kälbchen von B heraus. Zu Recht?

Lösung

I. Der **Herausgabeanspruch aus § 985** setzt voraus, dass E *Eigentümer* des Kälbchens ist. E war wegen § 935 trotz Diebstahls Eigentümer der Kuh. Als das Kälbchen (Erzeugnis der Kuh) geboren wurde, könnte er daher gemäß § 953 dessen Eigentümer geworden sein. Das gilt gemäß § 953 aber nur, „soweit sich nicht aus den §§ 954 bis 957 ein anderes ergibt". Eine solche, dem § 953 vorgehende Regel ist § 955 I. Nach dieser Vorschrift könnte B das Eigentum am Kälbchen (= Erzeugnis) erworben haben, da er die Kuh in Eigenbesitz hatte. Jedoch ist der Eigentumserwerb des B gemäß § 955 I Satz 2 ausgeschlossen, da B von E vor der Trennung von dem Mangel seines Rechts zum Eigenbesitz erfahren hat. Eigentümer des Kälbchens ist also der E gemäß § 953 geworden. Also kann E von B das Kälbchen nach § 985 herausverlangen.

II. Daneben besteht ein **Herausgabenspruch aus §§ 990 I 2, 987 I:** Zum Zeitpunkt der Nutzungsziehung (Geburt) bestand eine Vindikationslage. B war wegen der Kenntnis des Diebstahls zur Zeit der Geburt bösgläubig. E hat also einen Anspruch auf Herausgabe des Kälbchens.

Soweit die Nutzungen, vor allem die Gebrauchsvorteile, nicht mehr vorhanden sind, ist der Besitzer grundsätzlich zum Wertersatz verpflichtet. Eine Berufung auf den Wegfall der Bereicherung (§ 818 III) ist nicht möglich, da § 987 I anders als § 988 nicht in das Bereicherungsrecht verweist.

Beispiel 5: D stiehlt eine Kuh des E und verkauft und übereignet sie an den gutgläubigen B. B hält sich nun für den Eigentümer der Kuh. Später verklagt E den B sowohl auf Herausgabe der Kuh als auch auf Herausgabe der seit Rechtshängigkeit der Klage erwirtschafteten Milch. Zu Recht?

Lösung

I. Herausgabe der Kuh gemäß § 985: E ist Eigentümer der Kuh geblieben (§ 935), B ist Besitzer und hat kein Besitzrecht gegenüber E. Folglich kann E von B die Kuh nach § 985 herausverlangen.

II. Herausgabe der Milch gemäß § 985: Hinsichtlich der Milch ist der gutgläubige Eigenbesitzer B (§ 872) gemäß § 955 I originär *Eigentümer* geworden. E ist also nicht Eigentümer der Milch. Ein Anspruch des E aus § 985 besteht daher nicht. §§ 953 ff. entscheiden jedoch nur über die *vorläufige Zuordnung* von Gütern. Für das *Behaltendürfen* sind die §§ 987 ff. maßgeblich.

III. Voraussetzungen des § 987 I: Zum Zeitpunkt der Nutzungsziehung war eine **Vindikationslage** gegeben, da der E Eigentümer, der B Besitzer der Kuh war und B kein Recht zum Besitz hatte. B hat nach Eintritt der **Rechtshängigkeit** Nutzungen (Milch) gezogen. **Rechtsfolge:** Nach § 987 I ist B dem E gegenüber zur Herausgabe der Milch bzw. zu *Wertersatz* ab Rechtshängigkeit verpflichtet. B kann dem E im Gegenzug eine Einrede gemäß §§ 273, 102 wegen der Gewinnungskosten für die Milch entgegenhalten.

Nach § 987 II muss der verklagte oder der bösgläubige (§ 990 I) Besitzer auch für schuldhaft nicht gezogene Nutzungen Ersatz leisten. Ferner kann der Eigentümer über §§ 990 II, 286 I vom sich im Verzug befindenden bösgläubigen Besitzer Ersatz solcher nicht gezogener Nutzungen verlangen, die nur der Eigentümer gezogen hätte.

§ 991 I *privilegiert* den bösgläubigen Fremdbesitzer, der die Sache für einen Dritten besitzt. Er haftet nur, wenn der Oberbesitzer, von dem er seinen Besitz ableitet, bösgläubig oder verklagt ist. Diese Vorschrift dient dem Schutz des gutgläubigen (mittelbaren) Oberbesitzers. Es soll verhindert werden, dass der unmittelbare Besitzer zur Nutzungsherausgabe verpflichtet wird und dann seinerseits von seinem Oberbesitzer, der gutgläubig war, Schadensersatz verlangt.

II. Nutzungsherausgabe des gutgläubigen und unverklagten Besitzers

1. Unentgeltlicher Besitzerwerb nach § 988

---

1. **Vindikationslage zum Zeitpunkt der Nutzungsziehung**
2. **Unentgeltlicher Besitzerwerb**
3. **Gutgläubige Nutzungsziehung**
4. **RF: Herausgabepflicht nach §§ 812 ff. bzgl. der Nutzungen, die vor Eintritt der Rechtshängigkeit gezogen wurden**

---

§ 988 greift nur ein, wenn ein gutgläubiger Eigen- oder Fremdbesitzer den Besitz an der Sache auf Grund eines vermeintlichen Besitzrechts *unentgeltlich* erlangt hat. Rechtsfolge ist gemäß § 988 die Pflicht zur Nutzungsherausgabe nach §§ 812 ff. § 988 ist Ausdruck des Rechtsgedankens, dass der unentgeltliche Erwerb weniger schutzwürdig ist als der entgeltliche, weil der unentgeltliche Besitzer kein (finanzielles) „Opfer" erbracht hat.

Vom Wortlaut her gilt die Vorschrift des § 988 nur für den Eigenbesitzer (§ 872) und für den Fremdbesitzer, der die Sache aufgrund eines *dinglichen* Nutzungsrechts (z.B. § 1090) besitzt, das ihm in Wirklichkeit gar nicht zusteht. Die Rechtsprechung dehnt den Anwendungsbereich des § 988 jedoch auf diejenigen Fälle aus, in denen ein Fremdbesitzer aufgrund eines *schuldrechtlichen* Nutzungsrechts (z.B. Leihvertrag) die Sache besitzt. § 988 erfasst also sowohl den Eigen- als auch den Fremdbesitzer, der glaubt, die Sache aufgrund eines schuldrechtlichen oder dinglichen Nutzungsrechts zu besitzen.

Beispiel 6: D stiehlt dem E ein Fahrrad und leiht es dem gutgläubigen F. Als E das erfährt, verklagt er den F auf Herausgabe des Fahrrads. Muss F dem E Nutzungen für den Gebrauch des Fahrrads nach § 988 herausgeben?

Lösung

1) Vindikationslage: E ist Eigentümer geblieben (§ 935). F ist Besitzer (§ 854 I) ohne Recht zum Besitz gegenüber dem E. Eine Vindikationslage bestand.

2) F hat den Besitz an dem Fahrrad *unentgeltlich* aufgrund des Leihvertrages (§ 598) erlangt und ist daher dem E nach § 988 zum Nutzungsersatz für die vor dem Eintritt der Rechtshängigkeit gutgläubig gezogenen Gebrauchsvorteile verpflichtet.

Ferner ist § 988 auch dann anwendbar, wenn der Besitzer sich den Besitz verschafft hat, ohne eine schuldhaft verbotene Eigenmacht zu begehen.

Beispiel 7: B nimmt in der Kneipe versehentlich den Hut des E mit und nutzt ihn 6 Monate lang in dem Glauben, es sei sein eigner. - Der Besitzer, der entschuldbar eine Sache *vertauscht* oder *verwechselt*, erwirbt den Besitz ebenfalls unentgeltlich.

2. Haftung analog § 988 bei rechtsgrundlosem Besitzerwerb?

Umstritten ist, ob § 988 analog auf den Fall des *rechtsgrundlosen* Besitzerwerbs anzuwenden ist:

a) Die Rechtsprechung stellt den unentgeltlichen dem rechtsgrundlosen Besitzerwerb gleich und wendet *§ 988 analog* an.

b) Die Lehre wendet §§ 812 ff. direkt an, ohne den Weg über § 988 zu gehen. Nach der Lehre sind direkt die Voraussetzungen der §§ 812 I 1, 1. Alt, 818 I zu prüfen.

Beispiel 8: Landwirt E verkauft und übereignet an B ein Grundstück mit Obstbäumen. Es stellt sich heraus, dass E bei Abschluss des Kaufvertrages und bei Übereignung des Grundstücks geschäftsunfähig (§§ 104 Nr. 2, 105 I) war. Dies konnte B nicht erkennen. E wird wieder als Eigentümer ins Grundbuch eingetragen und verlangt nun von B die Herausgabe des geernteten Obstes. Zu Recht?

Lösung

1) Vindikationslage: Die Übereignung des Grundstücks von E an B war unwirksam (§ 105 I), so dass E Eigentümer des Grundstücks geblieben ist. B hatte das Grundstück im Besitz (§ 854 I). Der Kaufvertrag war ebenfalls wegen § 105 I nichtig, so dass B kein Recht zum Besitz hatte. Zu dem Zeitpunkt, als B das Obst erntete bestand somit eine Vindikationslage zwischen E und B.

2) Weder aus **§ 993 I** (das Obst ist keine Übermaßfrucht) noch aus **§ 987 I** (B war nicht verklagt und nicht bösgläubig) noch aus **§ 988** (wegen des Kaufvertrags ist ein unentgeltlicher Erwerb des B nicht gegeben) ergibt sich ein Anspruch des E auf Nutzungsherausgabe (Obst). Hier kommt die Rechtsprechung gemäß § 988 analog, die Lehre hingegen über §§ 812 ff. direkt zur Verpflichtung auf Nutzungsherausgabe.

Das Problem des rechtsgrundlosen Besitzerwerbs tritt immer auf, wenn

- bei einem Vertrag das Kausal- *und* das Verfügungsgeschäft unwirksam ist, z. B. wegen Geschäftsunfähigkeit eines Vertragspartners gemäß §§ 104, 105 oder nach Anfechtung gemäß § 142 I. Es besteht dann grundsätzlich eine Vindikationslage;

- der Besitzer *gutgläubig* war und der Besitz auch nicht *unentgeltlich* übertragen wurde. Dann stehen dem Eigentümer keine Ansprüche auf Nutzungsersatz aus §§ 987 ff. zu.

Würde man dem Eigentümer nicht durch analoge Anwendung des § 988 bzw. direkte Anwendung der §§ 812 ff. „helfen", hätte dies zur Folge, dass der Eigentümer, der sein Eigentum an der Sache verliert, besser dasteht als derjenige, der sein Eigentum behält.

Beispiel 9: (E verliert sein Eigentum). E verkauft dem gutgläubigen B ein Grundstück mit Obstbäumen Der Kaufvertrag war von Anfang an nichtig, die Übereignung jedoch wirksam. E verlangt von B Herausgabe des geernteten Obstes. Zu Recht?

Lösung

1) Ansprüche des E aus §§ 987 ff. scheitern an der Vindikationslage: Da die Übereignung wirksam ist, war E zum Zeitpunkt der Nutzungsziehung (Ernte) nicht Eigentümer des Grundstücks.

2) E könnte aber einen Anspruch auf Herausgabe aus §§ 812 ff. haben, da B das Grundstück und das Obst ohne rechtlichen Grund erlangt hat. Sind §§ 812 ff. anwendbar? §§ 812 ff. sind unmittelbar bei Vorliegen eines EBV nicht anwendbar, da § 993 I Hs. 2 formuliert: „im Übrigen ist er weder zur Herausgabe von Nutzungen noch zum Schadensersatze verpflichtet". Die §§ 987 ff. sollen also eine abschließende Sonderregelung sein. In Beispiel 9 liegt jedoch *kein* EBV vor, so dass §§ 812 ff. anwendbar sind. E kann das Obst also nach §§ 812 ff. herausverlangen.

Beispiel 10: (E verliert sein Eigentum nicht). E verkauft dem gutgläubigen B ein Grundstück mit Obstbäumen Der Kaufvertrag *und die Übereignung* waren von Anfang an nichtig. E verlangt Herausgabe des geernteten Obstes. Zu Recht?

Lösung

1) Vindikationslage: Da die Übereignung unwirksam war, war E zum Zeitpunkt der Ernte Eigentümer des Grundstücks, der B Besitzer ohne Recht zum Besitz. Eine Vindikationslage bestand. E hat sein Eigentum nicht verloren.

2) Weder aus § 993 I (das Obst ist keine Übermaßfrucht) noch aus § 987 I (B war nicht verklagt und nicht bösgläubig) noch aus § 988 (wegen des Kaufvertrags ist ein unentgeltlicher Besitzerwerb des B nicht gegeben) ergibt sich ein Anspruch des E auf Nutzungsherausgabe (Obst). §§ 812 ff. sind unmittelbar bei Vorliegen eines EBV grundsätzlich nicht anwendbar, da § 993 I Hs. 2 formuliert: „im Übrigen ist er weder zur Herausgabe von Nutzungen noch zum Schadensersatze verpflichtet". Die §§ 987 ff. sollen also eine *abschließende Sonderregelung* sein. Würde man dem E hier nicht durch § 988 analog oder § 812 direkt „helfen", so würde dies bedeuten, dass es für E (bezogen auf das Obst) besser gewesen wäre, wenn er das Eigentum am Grundstück verloren hätte!

Argumente der **Rechtsprechung** für die Anwendung des § 988 analog: §§ 987 ff. seien erschöpfende Sonderregelungen, die den Rückgriff auf das allgemeine Bereicherungsrecht sperrten. Jedoch habe der Besitzer auch beim rechtsgrundlosen Erwerb keine Gegenleistung zu erbringen, die Interessenlage sei daher mit dem unentgeltlichen Erwerb vergleichbar.

Argumente der **Lehre** für die direkte Anwendung der §§ 812 ff.: Die Regeln der Leistungskondiktion dienten der Rückabwicklung fehlgeschlagener Geschäfte. Dies gelte auch dann, wenn nicht nur das schuldrechtliche, sondern auch das dingliche Geschäft fehlgeschlagen sei. § 993 I 2. Hs. sei teleologisch zu reduzieren.

3. Haftung nach § 993 I

Der gutgläubige und unverklagte Besitzer, der die Sache *entgeltlich* erlangt hat, hat die gezogenen *Übermaßfrüchte* nach den Regeln des Bereicherungsrechts (Rechtsfolgenverweisung) herauszugeben, soweit er noch bereichert ist, §§ 993 I, 818 III.

Übermaßfrüchte sind die gezogenen Früchte, soweit sie nach den Regeln einer *ordnungsgemäßen Wirtschaft* nicht als *Ertrag* der Sache anzusehen sind, § 993 I. Hierzu zählt z. B. der Kahlschlag eines Waldbestandes.

---

§ 993 I, 1. Hs. beruht auf dem Gedanken, dass die Ziehung von Übermaßfrüchten als *Substanzangriff* zu bewerten ist. Der gutgläubige, unrechtmäßige Besitzer ist nach § 985 zur Herausgabe der Sachsubstanz verpflichtet. Diese Verpflichtung soll nicht durch Ziehung von Übermaßfrüchten geschmälert werden können.

Die *regulären Nutzungen* muss der gutgläubige und unverklagte entgeltliche Besitzer hingegen *nicht* herausgeben, da § 993 I Hs. 2 eindeutig formuliert: „im Übrigen ist er weder zur Herausgabe von Nutzungen noch zum Schadensersatze verpflichtet". Die §§ 987 ff. sind also eine abschließende Sonderregelung.

III. Die Nutzungsherausgabe des Deliktsbesitzers

Der unrechtmäßige Besitzer, der sich die Sache durch verbotene Eigenmacht oder durch eine Straftat verschafft hat, haftet gemäß §§ 992, 823 auf Ersatz der Nutzungen.

▶ **Literatur zu dieser Lektion**
📖 Schreiber, **Jura** 1992, 356; 533 (EBV - Grundfälle)
📖 Roth, **JuS** 1997, 518; 710; 897; 1087 (EBV - Grundfälle)

Lektion 5: Ansprüche auf Verwendungsersatz, §§ 994 ff.

Der unrechtmäßige Besitzer, der verpflichtet ist, die Sache nach § 985 herauszugeben, hat ein Interesse daran, das Geld, das er zur Erhaltung und Verbesserung der Sache investiert hat, vom Eigentümer ersetzt zu bekommen. Auf der anderen Seite hat der Eigentümer ein Interesse daran, nur für solche Investitionen Ersatz leisten zu müssen, die wertsteigernd oder ihm nützlich sind.

Beispiel 1: D stiehlt dem Vorstandsvorsitzenden V seinen schwarzen Mercedes SL 600 und verkauft ihn an den gutgläubigen Automechaniker A. A lackiert den Wagen neu in der Farbe Lila, legt ihn tiefer und montiert einen Front-, einen Heck- und zwei Seitenspoiler. Als V von A unter Verweis auf § 935 Herausgabe des Mercedes gemäß § 985 fordert, will A ihn nur gegen Zahlung von 10.000 € zurückgeben. Soviel hat er für die „Verschönerungsmaßnahmen" investiert. Das Problem ist hier, dass A auf der einen Seite viel Geld investiert hat, jedoch trotzdem den Wagen herausgeben muss. V wiederum wird nicht bereit sein, für die „Verschönerungsmaßnahmen" etwas zu bezahlen.

Das Gesetz versucht in §§ 994 bis 1003 einen gerechten Ausgleich für den genannten Interessenkonflikt zu schaffen. Die Verwendungsersatzansprüche differenzieren danach, ob der Besitzer

- gut- oder bösgläubig bzw. verklagt
- Eigen- oder Fremdbesitzer ist.

Weiterhin wird danach unterschieden ob die Verwendungen *notwendige* (§ 994) oder sonstige wertsteigernde, also nützliche (§ 996) oder sog. *Luxusaufwendungen* sind.

38

Der Verwendungsersatzanspruch setzt grundsätzlich voraus, dass zum *Zeitpunkt der Vornahme* der Verwendungen eine Vindikationslage bestand. Der BGH lässt jedoch auch das Vorliegen eines EBV im *Zeitpunkt des Herausgabeverlangens* genügen. Denn der am Anfang noch berechtigte Besitzer soll laut BGH nicht schlechter dastehen als der von Anfang an unberechtigte.

Beispiel 2: E hat am 01.03. mit M einen Kaufvertrag (§ 433) über einen PKW geschlossen und diesen unter Eigentumsvorbehalt (§§ 929 S. 1, 158 I) übereignet. Am 03.03., vor Zahlung des restlichen Kaufpreises, lässt M den PKW mit Einverständnis des E bei Werkunternehmer U reparieren. Nach erfolgreicher Reparatur tritt der E am 04.03. vom Kaufvertrag zurück, weil M die restliche Rate nicht bezahlt hat. E verlangt von Werkunternehmer U den PKW nach § 985 heraus. U macht ein Zurückbehaltungsrecht nach § 1000 S. 1 geltend, weil die von ihm durchgeführte Reparatur (eine Verwendung gemäß § 994) noch nicht bezahlt wurde. Kann U Erstattung seiner Verwendung verlangen?

Lösung

1) Vindikationslage vor dem Rücktritt des E vom Kaufvertrag: Zum Zeitpunkt der Vornahme der Verwendung (Reparatur) war E Eigentümer und U Besitzer. U hatte gegenüber dem E jedoch gemäß § 986 I 1, 2. Alt. ein von M *abgeleitetes* Recht zum Besitz, da zu diesem Zeitpunkt zwischen E und M ein wirksamer Kaufvertrag und zwischen M und U ein Werkvertrag bestand. Zum Zeitpunkt der Vornahme der Verwendung (Reparatur) lag also keine Vindikationslage vor.

2) Als E den Wagen von U herausverlangt, also **nach dem Rücktritt des E vom Kaufvertrag**, ist das von M abgeleitete Besitzrecht des U wegen des Rücktritts zwar entfallen, so dass eine Vindikationslage besteht. Grundsätzlich muss diese jedoch bereits *im Zeitpunkt der Vornahme der Verwendung* vorliegen.

Der BGH lässt es allerdings ausnahmsweise genügen, wenn die Vindikationslage *im Zeitpunkt des Herausgabeverlangens* besteht. Begründung: Wer einmal ein Besitzrecht gehabt habe, dürfe nicht schlechter stehen als derjenige, der niemals ein Besitzrecht hatte. Dieser Ansatz widerspricht jedoch dem nach Gut- und Bösgläubigkeit (§§ 994 II, 996) unterscheidenden Anspruchssystem der Verwendungen. U kann dem E daher einen Verwendungsersatzanspruch gemäß §§ 1000 S.1, 994 I nur entgegenhalten, wenn man dem BGH folgt.

I. Was ist eine Verwendung?

Verwendungen sind solche freiwilligen Vermögensaufwendungen, die nach dem Willen des Besitzers unmittelbar der Sache zugute kommen sollen, also der Erhaltung, Wiederherstellung oder Verbesserung der Sache dienen.

Dies ist der sog. *enge Verwendungsbegriff*, vertreten vom BGH und einem Teil des Schrifttums. Zu den Verwendungen gehören sowohl Sach- als auch Geldleistungen sowie die eigene Arbeitskraft, wenn sie einen Marktwert besitzt. Sehr umstritten ist, ob auch solche Aufwendungen als Verwendungen zu beurteilen sind, die der Sache zwar zugute kommen, ihren Zustand aber grundlegend verändern, sog. *weiter Verwendungsbegriff*, vertreten von einem Teil der Literatur.

Beispiel 3: Die Kosten für die Reparatur eines Autos dienen der Erhaltung bzw. Wiederherstellung desselben ohne dessen Zustand grundlegend zu verändern. Sie stellen somit nach beiden Ansichten eine Verwendung dar.

Beispiel 4: Die Errichtung eines Hauses auf einem Grundstück ist keine das Grundstück erhaltende, verbessernde oder wiederherstellende Maßnahme. Vielmehr wird der Zustand des Grundstücks verändert, das Grundstück wird einer anderen Zweckbestimmung unterworfen. Nach dem engen Verwendungsbegriff liegt hier keine Verwendung vor. Nach dem weiten Verwendungsbegriff unterfällt auch diese Maßnahme dem Begriff der „Verwendungen".

Für den **engen Verwendungsbegriff** spricht zunächst der allgemeine Sprachgebrauch: Eine Verwendung „auf die Sache" liegt nicht mehr vor, wenn die Sache nicht mehr besteht, weil sie grundlegend verändert wurde. Das Problem des engen Verwendungsbegriffs liegt jedoch darin, dass dem eine grundlegende Veränderung vornehmenden Besitzer auch kein Anspruch nach §§ 951, 812 ff. zusteht, weil die §§ 987 ff. als erschöpfende Sonderregelungen einen Rückgriff auf das Bereicherungsrecht gundsätzlich sperren.

Für den **weiten Verwendungsbegriff** spricht, dass der enge Verwendungsbegriff zu schwierigen Abgrenzungsproblemen zwischen der bloßen Verbesserung und der völligen Umgestaltung einer Sache führen kann. Zum Beispiel könnte der Wiederaufbau eines

40

Hauses als Verbesserung, der Neubau jedoch als Umgestaltung des Grundstücks angesehen werden. Zwar bleibt dem Besitzer auch bei Verneinung einer Verwendung das Wegnahmerecht aus § 997, jedoch wird der Eigentümer trotzdem einseitig bevorzugt. Denn das Wegnahmerecht ist mit Kosten (§ 258) verbunden. Der Schutz des gutgläubigen Besitzers, der im Vertrauen auf sein Besitzrecht Verwendungen vornimmt, wird vereitelt. Daher sollte dem weiten Verwendungsbegriff gefolgt werden.

II. Ersatz notwendiger Verwendungen, § 994

1. Der gutgläubige und unverklagte Besitzer, § 994 I

1. Vindikationslage zur Zeit der Vornahme der Verwendung
2. Besitzer muss gutgläubig und unverklagt sein
3. Vornahme einer notwendigen Verwendung
4. RF: Ersatzpflicht des Eigentümers; keine Erhaltungskosten

Der Ersatz notwendiger Verwendungen ist in § 994 geregelt.

Notwendig ist eine Verwendung, wenn sie objektiv erforderlich ist, um die Sache in ihrer Substanz oder ihrer Nutzungsfähigkeit zu erhalten.

Den Ersatz notwendiger Verwendungen können nach § 994 I S. 1 der gutgläubige und der unverklagte Besitzer verlangen (Umkehrschluss aus § 994 II). Da der gutgläubige und der unverklagte Besitzer schutzwürdig sind, ist die Nützlichkeit i. R. d. § 994 I nach vorzugswürdiger Ansicht vom Standpunkt des Besitzers aus zu beurteilen. Ausgenommen vom Ersatz sind die gewöhnlichen Erhaltungskosten (§ 994 I S. 2), die in die Zeit fallen, in der der Besitzer die Nutzungen nach §§ 987 ff. behalten darf.

> Unter den **gewöhnlichen Erhaltungskosten** sind die regelmäßig wiederkehrenden Aufwendungen zur laufenden Unterhaltung der Sache zu verstehen.

Dies sind z. B. die Fütterungskosten für ein Tier oder die Kosten einer Kfz-Inspektion einschließlich Ersatz des normalen Verschleißes.

Beispiel 5: Der gutgläubige B hat von D ein Pferd gekauft und übereignet bekommen. Das Pferd war dem E gestohlen worden. E verlangt das Pferd von B nach § 985 heraus. B macht ein Zurückbehaltungsrecht gemäß § 1000 S. 1 geltend, weil er zuerst die von ihm veranlasste Impfung sowie die Futterkosten ersetzt haben will.

Lösung

1) Eine Vindikationslage bestand zwischen E und B (§ 935).
2) B war auch gutgläubig und unverklagt.
3) B kann die Kosten, die er für die Impfung des Pferdes aufgewendet hat, nach § 994 I ersetzt verlangen. Die Fütterungskosten werden ihm nach § 994 I S. 2 als *gewöhnliche Erhaltungskosten* hingegen nicht erstattet, da er als gutgläubiger und unverklagter Besitzer nicht die während seiner Besitzzeit erlangten Nutzungen herausgeben muss.

2. Der bösgläubige oder verklagte Besitzer, § 994 II

> 1. **Vindikationslage zur Zeit der Vornahme der Verwendung**
> 2. **Besitzer muss bösgläubig oder verklagt sein**
> 3. **Vornahme einer notwendigen Verwendung**
> 4. **RF: Verweis auf GoA, §§ 683, 670 oder §§ 684, 812 ff.**

Der verklagte oder unredliche Besitzer kann Ersatz für notwendige Verwendungen nur verlangen, wenn die Voraussetzungen der Geschäftsführung ohne Auftrag (GoA) vorliegen, § 994 II. Das bedeutet, dass die Verwendungen dem *Interesse* und dem *wirklichen oder mutmaßlichen Willen des Eigentümers* entsprechen müssen, §§ 683, 670. Allerdings stellt § 994 II nur eine sogenannte *partielle Rechtsgrundverweisung* dar:

Rechtsfolgenverweisung ist § 994 II insoweit, als dass es auf den *Fremdgeschäftsführungswillen* (§ 687 I, II) bei Vornahme der Verwendungen *nicht* ankommt. Rechtsgrundverweisung ist § 994 II insoweit, als dass die Unterscheidung von *berechtigter* (§ 683 oder § 684 S. 2) und *unberechtigter* GoA (§ 684 S. 1, 818) beachtet werden muss. Entsprechen die Verwendungen *nicht* dem Interesse und dem Willen des Eigentümers, so ist er nach §§ 994 II, 684 S. 1 nur zur Herausgabe nach Bereicherungsrecht verpflichtet. Hier gilt dann auch der Entreicherungseinwand nach § 818 III.

Beispiel 6: Ein zum Abriss bestimmtes Haus wird besetzt. Die Besetzer streichen die Außenwände an, damit sie nicht verwittern. Als der Eigentümer E Herausgabe des Hauses verlangt (§ 985), fordern sie Ersatz ihrer Verwendungen gemäß § 994 II. Zu Recht?

Lösung

1) Eine **Vindikationslage** zwischen E und den Besetzern bestand zum Zeitpunkt des Streichens.

2) Die Besetzer wussten, dass ihnen kein Recht zum Besitz zusteht, so dass sie **bösgläubig** (§ 990 I 1) waren und Ersatz der Verwendungen nur nach § 994 II verlangen können.

3) Der Anstrich war objektiv erforderlich, um die Substanz und die Nutzungsfähigkeit des Hauses zu erhalten. Der Anstrich ist somit als **notwendige Verwendung** anzusehen.

4) Der E möchte das Haus abreißen lassen. Der Anstrich entspricht daher nicht seinem **Interesse und Willen**, so dass ein Anspruch der Besetzer nach §§ 994 II, 683, 670 nicht gegeben ist. Dem E fließen keine sonstigen Vorteile durch den Anstrich zu, so dass auch kein Anspruch auf Ersatz der Verwendungen nach § 994 II, 684 S. 1, 812 ff. gegeben ist. Es liegt ein Fall der aufgedrängten Bereicherung vor.

III. Ersatz nützlicher Verwendungen (§ 996)

---

1. Vindikationslage zur Zeit der Vornahme der Verwendung
2. Besitzer muss gutgläubig und unverklagt sein
3. Vornahme einer nützlichen, wertsteigernden Verwendung
4. RF: Ersatzpflicht des Eigentümers; keine Erhaltungskosten

Nützliche Verwendungen sind alle Aufwendungen auf die Sache, die deren Wert steigern und/oder die Gebrauchsfähigkeit erhöhen.

Entscheidend ist also, dass eine Wertsteigerung tatsächlich eingetreten ist. Diese muss für den Eigentümer nützlich sein und bei Herausgabe noch vorliegen.

Umstritten ist, ob die Wertsteigerung anhand des *objektiven Verkehrswertes* oder der *subjektiven Brauchbarkeit* für den Eigentümer ermittelt werden soll. Der Schutz des Eigentümers vor aufgedrängter Bereicherung spricht für die zweite Ansicht. Nützliche Verwendungen können nur ersetzt werden, soweit sie *vor Rechtshängigkeit* oder *Bösgläubigkeit* gemacht worden sind.

Beispiel 7: E verkauft und übereignet an B ein Hausgrundstück. Kaufvertrag und Übereignung sind nichtig. B hatte gutgläubig moderne, besonders isolierte Fenster eingebaut, die den Wert des Hauses um 15.000 Euro erhöhen. Eine objektive Wertsteigerung liegt also vor und diese ist für E nützlich. B kann von E 15.000 Euro gemäß § 996 ersetzt verlangen.

Beispiel 8: B hatte den Fenstereinbau zu einem Freundschaftspreis von 12.000 Euro vornehmen lassen. Der Verwendungsersatzanspruch i. R. d. § 996 ist begrenzt durch die *tatsächlichen Aufwendungen*. B kann daher nur 12.000 Euro ersetzt verlangen, auch wenn der objektive Wert des Hauses sich um 15.000 Euro erhöht.

44

IV. Luxusverwendungen

> **Luxusverwendungen** sind solche Aufwendungen, die den Wert der Sache objektiv nicht erhöhen und für den Eigentümer nicht von Nutzen sind.

Einen Ersatz für Luxusverwendungen kann weder der gutgläubige noch der bösgläubige Besitzer verlangen. Unter Umständen steht dem Besitzer aber ein Wegnahmerecht nach § 997 zu.

In **Beispiel 1** sind die am Mercedes 600 SL vorgenommenen „Verschönerungsmaßnahmen" (Lackierung und Spoiler) weder objektiv wertsteigernd noch von Nutzen für den Eigentümer V.

V. Die Rechte des Besitzers, §§ 997 ff.

Die Verwendungsersatzansprüche der §§ 994 ff. werden ergänzt durch das Wegnahmerecht des § 997. Hat der Besitzer seine Sache mit der herauszugebenden (fremden) Sache verbunden, ohne dass seine Sache wesentlicher Bestandteil der fremden Sache geworden ist, so ist er Eigentümer seiner Sache geblieben und kann sie ohne weiteres wegnehmen.

Ist seine Sache aber *wesentlicher Bestandteil* der herauszugebenden fremden Sache und somit Eigentum des Eigentümers der Hauptsache geworden, so hat der Besitzer ein Wegnahmerecht nach § 997.

Das Wegnahmerecht steht sowohl dem gutgläubigen, als auch dem bösgläubigen und dem verklagten oder unverklagten Besitzer zu. Der Besitzer kann wählen, ob er ggf. die Verwendungsersatzansprüche nach §§ 994 ff. oder das Wegnahmerecht geltend machen möchte. Der das Wegnahmerecht ausübende Besitzer trägt nach § 258 aber die Kosten der Wegnahme, so dass dieses Recht oft wirtschaftlich wertlos ist.

Hat der Besitzer einen Verwendungsersatzanspruch gemäß §§ 994 ff. gegen den Eigentümer, so kann er dem Herausgabeanspruch des Eigentümers ein *Zurückbehaltungsrecht* entgegenhalten, § 1000. Die Regelung des § 1000 ist erforderlich, da der Verwendungsersatzanspruch, wie § 1001 es festlegt, erst mit *Rückgabe* der Sache fällig wird. Das Zurückbehaltungsrecht des § 273 kann der Besitzer daher mangels Fälligkeit vor Rückgabe noch nicht geltend machen.

Einen einklagbaren Anspruch auf Verwendungsersatz hat der Besitzer erst dann, wenn der Eigentümer die Sache wiedererlangt oder die Verwendungen genehmigt (§ 1001 S. 1). Der Anspruch auf Verwendungsersatz erlischt nach Rückgabe der Sache in der nach § 1002 bestimmten Frist.

Nach § 1003 kann der Besitzer den Eigentümer auffordern, die Verwendungen innerhalb einer bestimmten Frist zu genehmigen. Kommt der Eigentümer dieser Aufforderung nicht nach, steht dem Besitzer das Recht zu, sich aus der Veräußerung der Sache durch Pfandverkauf bzw. Zwangsvollstreckung zu befriedigen.

VI. Anwendbarkeit der §§ 951, 812 neben §§ 994 ff. ?

Hat der Besitzer bei Vornahme der Verwendungen einen Rechtsverlust nach §§ 946 ff. erlitten, so ist fraglich, ob ein Wertersatzanspruch nach §§ 951, 812 neben §§ 994 ff. geltend gemacht werden kann.

1) Nach Ansicht der **Literatur** ist § 951 neben §§ 994 ff. anwendbar.

2) Die **Rechtsprechung** und ein Teil der Literatur sehen in §§ 994 ff. abschließende *Sonderregelungen*, die eine Anwendung der §§ 951, 812 ausschließen. Liegt zwar keine Verwendung i.S.d. §§ 994 ff. jedoch eine Vindikationslage vor, so ist der Rückgriff auf den allgemeinen Wertersatzanspruch nach §§ 951, 812 gesperrt.

Beispiel 9: B baut auf dem Grundstück des E ein Haus. B glaubt grob fahrlässig an ein in Wirklichkeit nicht bestehendes Besitzrecht. Er verwendet Material im Wert von 200.000 Euro für den Hausbau. Als E von B Herausgabe des Grundstücks verlangt, fordert B Ersatz seiner Verwendungen. Zu Recht?

Lösung

1) Ein Verwendungsersatzanspruch des B gemäß **§ 996** scheitert nach dem engen Verwendungsbegriff daran, dass der Hausbau schon gar keine Verwendung auf das Grundstück ist, da das Grundstück grundlegend verändert wird. Nach dem weiten Verwendungsbegriff liegt zwar eine Verwendung vor. B war jedoch zum Zeitpunkt der Vornahme der Verwendung bösgläubig.

2) Nach Ansicht der **Literatur** könnte B einen Wertersatzanspruch gemäß §§ 951 I 1, 812 I 1, 2. Alt. (Verwendungskondiktion) geltend machen.

3) Nach Ansicht der **Rechtsprechung** ist der Rückgriff auf § 951 I 1, 812 I 1, 2. Alt. gesperrt, so dass B keinen Anspruch auf Wertersatz i. H. v. 200.000 Euro geltend machen kann.

Argumente der **Rechtsprechung:** Würde ein Ersatzanspruch nach §§ 951, 812 neben §§ 994 ff. zugelassen werden, unterliefe dies das nach Gut- und Bösgläubigkeit differenzierende Haftungssystem der §§ 994 ff., denn auch der Bösgläubige könnte dann nach §§ 951, 812 Ersatz verlangen. Der Wortlaut des § 996 („nur insoweit") spreche aber dafür, dass die §§ 994 ff. abschließend seien.

Argumente der **Literatur:** Die Anwendbarkeit des § 951 neben §§ 994 ff. ergebe sich schon aus § 951 II, der § 951 I neben den Vorschriften über Verwendungsersatz für anwendbar erklärt. §§ 994 ff. regelten den Ersatz für Verwendungen, um die Sache nach § 1000 behalten zu dürfen, wohingegen §§ 951, 812 den Ersatz für eine eingetretene Wertsteigerung regelten. Ferner wird angeführt, der Besitzer dürfe nicht schlechter gestellt werden als ein Nichtbesitzer, bei dem der Anspruch aus §§ 951, 812 mangels Vindikationslage nicht gesperrt ist.

VII. Rechtsnachfolge gemäß § 999

Nach § 999 kann der Besitzer für Verwendungen seines Vorbesitzers, dessen Rechtsnachfolger er geworden ist, Verwendungsersatz verlangen. Der Vorschrift liegt der Gedanke zugrunde, dass der jetzige Besitzer die von seinen Rechtsvorgänger gemachten Verwendungen mit dem Kaufpreis abgegolten hat. Die Pflicht zum Verwendungsersatz geht nach § 999 II auf den neuen Eigentümer über.

▶ Literatur zu dieser Lektion

📖 Hoeren/Hildebrink, **JuS** 1999, 668 (Verwendungen - Klausur)

📖 Kindl, **JA** 1996, 201 (Verwendungen - Grundlagen)

Lektion 6: Erwerb und Verlust des Besitzes

Der Besitz ist die rein *tatsächliche Herrschaft* einer Person über eine Sache, unabhängig davon, ob dem Besitzer ein Recht zur Herrschaft zusteht. Ob ein tatsächliches Herrschaftsverhältnis besteht, bestimmt sich nach der Verkehrsauffassung. Das Eigentum ist im Gegensatz hierzu die *rechtliche* Herrschaft über eine Sache.

Dem Besitz wird eine

* **Publizitätsfunktion**
* **Schutzfunktion**
* **Kontinuitätsfunktion**

zugeschrieben.

Publizitätsfunktion bedeutet, dass die Rechtsordnung davon ausgeht, dass der Besitzer neben der tatsächlichen auch die rechtliche Herrschaft innehat. Dies zeigt sich z. B. an der Eigentumsvermutung des § 1006 und an der Möglichkeit eines gutgläubigen Eigentumserwerbs nach §§ 932 I, 929.

Schutzfunktion bedeutet, dass der Besitzer sich gegen Störungen oder Beeinträchtigungen zur Wehr setzen darf. Auch dem unrechtmäßigen Besitzer stehen Verteidigungsrechte zu (§§ 858-864). Hinter diesen Regelungen steht der Gedanke, dass der äußere Friede gewahrt werden soll. Der wahre Berechtigte soll keine Selbsthilfe ausüben, sondern seine Ansprüche mit staatlicher Hilfe (Gericht) durchsetzen.

Die **Kontinuitätsfunktion** besteht darin, dass der berechtigte Besitzer auch gegenüber einem Rechtsnachfolger des Eigentümers geschützt wird (§ 986 II).

Besitzer kann jede natürliche oder juristische Person sein. Bei juristischen Personen (z.B. Aktiengesellschaft oder GmbH) wird der Besitz durch Organe, Besitzdiener oder Besitzmittler ausgeübt.

I. Der Erwerb des unmittelbaren Besitzes, § 854

Der unmittelbare Besitz wird durch die Erlangung der tatsächlichen Gewalt über die Sache erworben, § 854 I. Erforderlich ist eine räumliche Beziehung von gewisser Dauer zu der Sache sowie der Wille, die tatsächliche Gewalt über die Sache auszuüben, sog. *Besitzwille*. Hier genügt der natürliche Wille, den auch Geschäftsunfähige haben.

Beispiel 1: Der 14-jährige M leiht sich von seinem Onkel E ein Fahrrad. Dieses wird ihm übergeben, so dass er die tatsächliche (dauerhafte) Sachherrschaft erlangt. M hat ferner einen Besitzerwerbswillen. M hat somit den Besitz nach § 854 I erworben. Eigentümer ist jedoch weiterhin der E.

Der Besitzwille muss nicht auf eine konkrete Sache gerichtet sein, es genügt ein allgemeiner Besitzwille.

Beispiel 2: Verliert M einen Geldschein in der Bäckerei, so genügt der allgemeine Besitzwille des Bäckers, um hieran Besitz zu begründen, auch wenn er den Geldschein noch nicht wahrgenommen hat.

Nach § 854 II genügt die Einigung für den Erwerb des unmittelbaren Besitzes, wenn der Erwerber in der Lage ist, die Gewalt über die Sache auszuüben. Die Einigung ist nach h.M. ein Rechtsgeschäft. Der Erwerber muss die Herrschaftsmöglichkeit erhalten. Erforderlich ist, dass der bisherige Besitzer die tatsächliche Gewalt über die Sache aufgibt.

Beispiel 3: V und K haben einen Kaufvertrag (§ 433) über im Wald lagerndes Holz geschlossen. V gestattet dem K die Wegnahme. K hat die Möglichkeit, das Holz abzuholen und somit die tatsächliche Sachherrschaft auszuüben. V hat seinen Besitz aufgegeben. Somit hat K Besitz gemäß § 854 II erworben.

II. Der Verlust des unmittelbaren Besitzes

Nach § 856 wird der Besitz dadurch beendet, dass der Besitzer die tatsächliche Sachherrschaft aufgibt oder in anderer Weise verliert. Gibt der Besitzer die tatsächliche Sachherrschaft auf, ist die nach außen erkennbare Kundgabe des Besitzaufgabewillens erforderlich.

Ein Verlust „in anderer Weise" kann z. B. durch Diebstahl oder Verlieren der Sache eintreten. Die vorübergehende Entfernung von der Sache führt nach 856 II nicht zum Besitzverlust.

Beispiel 4: Kein Besitzverlust tritt ein durch vorübergehendes Stehenlassen des Fahrrads vor einer Kneipe.

III. Der Erwerb des mittelbaren Besitzes, § 868

1. **Unmittelbarer Besitz des Besitzmittlers**
2. **Besitzmittlungsverhältnis gemäß § 868**
   - **Rechtsverhältnis (z.B. Miete, Leihe, Verwahrung)**
   - **Fremdbesitzerwille des Besitzmittlers**
   - **Herausgabeanspruch des mittelbaren Besitzers, z.B. aus § 546 I, § 604 I, § 695**

Während der *unmittelbare* Besitzer direkten Zugriff auf die Sache hat, ist dem mittelbaren Besitzer ein unmittelbarer Besitzer „vorgeschaltet". Der Erwerb des mittelbaren Besitzes setzt voraus, dass zwischen dem Besitzmittler (= unmittelbarer Besitzer) und dem Erwerber (= mittelbarer Besitzer) ein Besitzmittlungsverhältnis i. S. d. § 868 begründet wird. Ferner muss dem mittelbaren Besitzer ein (künftiger) *Herausgabeanspruch* gegen den Besitzmittler zustehen. Dies ist i. d. R. der aus dem Rechtsverhältnis resultierende Anspruch. Weiterhin muss der unmittelbare Besitzer zum Ausdruck bringen, dass er zeitlich begrenzt und in Anerkennung des Herausgabeanspruchs besitzen will, sog. *Fremdbesitzerwille.*

Beispiel 5: Mieter M ist dem Vermieter V gegenüber aufgrund des *Rechtsverhältnisses* der Miete (§§ 535, 549 ff.) auf Dauer zum Besitz berechtigt. Nach Ablauf der Mietzeit ergibt sich ein *Herausgabeanspruch* des V aus § 546 I. Mieter M hält sich im Rahmen der Vereinbarungen aus dem Mietverhältnis und erkennt den V als Eigentümer an. Damit bringt er seinen *Fremdbesitzerwillen* zum Ausdruck. M ist also unmittelbarer, V mittelbarer Besitzer.

IV. Der Besitzdiener, § 855

Der Besitzdiener ist eine Person, die den Besitz als eine Art „Werkzeug" für einen anderen (den Geschäftsherrn) ausübt. Der Besitzdiener erfüllt zwar selbst die Voraussetzungen des § 854 I, steht aber in einem *sozialen Abhängigkeitsverhältnis* zum Geschäftsherrn und ist dessen *Weisungen* unterworfen. Daher ist *nur der Geschäftsherr* und nicht der Besitzdiener Besitzer. Die Vorschrift des § 855 ist Ausdruck des Gedankens, dass in einer arbeitsteiligen Wirtschaftsordnung nicht jedem untergeordneten Angestellten eigene Besitzrechte zustehen sollen.

Beispiel 6: Besitzdiener ist z.B. ein Waldarbeiter bezüglich des frisch geschlagenen Holzes; die Mitarbeiter in einem Betrieb hinsichtlich der Werkzeuge, Maschinen etc.; die in einem Privathaushalt tätige Putzfrau hinsichtlich des Hausinventars.

Lektion 7: Der Besitzschutz

A. Im Falle der Entziehung des Besitzes kann der Besitzer nach §§ 861, 862 **possessorische** (= aus dem Besitz abgeleitete) Besitzansprüche im Klagewege geltend machen. Ferner stehen ihm nach § 1007 I, II **petitorische** (= aus dem Eigentum abgeleitete) Herausgabeansprüche zu.

Beispiel 1: A leiht dem B sein Fahrrad. Dieb D stiehlt es heimlich dem B. Kann der B das Fahrrad von D herausverlangen?

Lösung: Ein Anspruch des B aus § 985 scheitert daran, dass der B nur Besitzer, nicht aber Eigentümer des Fahrrads war. Es besteht jedoch ein Anspruch aus § 1007 I, weil der D beim Besitzerwerb bösgläubig war. Auch § 1007 II greift ein, weil das Rad dem B gestohlen wurde. Außerdem besteht ein Anspruch aus § 861, weil dem B der Besitz ohne seinen Willen, also mit verbotener Eigenmacht nach § 858 I, entzogen worden ist und der D den Besitz durch verbotene Eigenmacht erlangt hat, also gegenüber B nach §§ 858 II, 861 fehlerhaft besitzt. Denkbar ist ferner ein Anspruch aus §§ 823 I, 249 (Besitz als „sonstiges Recht") und aus §§ 823 II, 858, 249 (§ 858 als „Schutzgesetz").

I. Der possessorische Herausgabeanspruch, § 861 I

1. Besitzentziehung durch verbotene Eigenmacht
2. Fehlerhafter Besitz des Anspruchsgegners, § 858 II
3. Kein Ausschluss nach § 861 II
4. Frist nach § 864
5. RF: Anspruch auf Wiedereinräumung des Besitzes

Jedem Besitzer steht das Recht zu, wegen einer *Besitzentziehung* gerichtlich vorzugehen. Nach § 861 I kann der Besitzer, dem der Besitz durch verbotene Eigenmacht entzogen wurde, die Wiedereinräumung des Besitzes von demjenigen verlangen, welcher ihm gegenüber fehlerhaft besitzt.

1. Die verbotene Eigenmacht

Nach § 858 I ist *verbotene Eigenmacht* die Besitzentziehung oder Besitzstörung, die ohne den Willen des Besitzers geschieht. Die Besitz*entziehung* ist die vollständige und andauernde Beseitigung der Sachherrschaft. Eine Besitz*störung* liegt vor, wenn der Besitz nicht entzogen, sondern anderweitig beeinträchtigt wird. Maßgebend ist allein der natürliche Wille des unmittelbaren Besitzers. Ein *Verschulden* setzt die verbotene Eigenmacht nicht voraus.

Ferner schließt ein *Recht zum Besitz* die verbotene Eigenmacht nicht aus, denn auch der Berechtigte soll grds. keine Selbsthilfe üben. Ausnahmsweise liegt keine verbotene Eigenmacht vor, wenn das Gesetz die Entziehung oder Störung *gestattet.* Hier kommen vor allem Notwehr- und Selbsthilfebefugnisse nach §§ 227, 229, 904 in Betracht.

2. Die Fehlerhaftigkeit des Besitzes, § 858 II

Der Besitz ist **fehlerhaft**, wenn er durch verbotene Eigenmacht erlangt wurde, § 858 II. Die Fehlerhaftigkeit des Besitzes muss auch der Erbe gegen sich gelten lassen und derjenige, der die Fehlerhaftigkeit des Besitzes seines Vorgängers bei dem Erwerb kennt, § 858 II 2.

Beispiel 2: In Beispiel 1 gibt D das vormals im Besitz des B befindliche Fahrrad weiter an den C und sagt ihm, dass er es gestohlen habe. Besitzt C gegenüber B fehlerhaft?

Lösung: C kannte die Fehlerhaftigkeit seines Vorgängers D und muss daher gemäß § 858 II 2 die Fehlerhaftigkeit des Besitzes des D gegen sich gelten lassen. Also besitzt C gegenüber B fehlerhaft.

3. Ausschluss des Anspruchs, § 861 II

Nach § 861 II ist der Anspruch ausgeschlossen, wenn der entzogene Besitz dem gegenwärtigen Besitzer oder dessen Rechtsvorgänger gegenüber fehlerhaft war und in dem letzten Jahr vor der Entziehung erlangt worden ist.

4. Die Frist des § 864

Nach § 864 erlischt der Anspruch, wenn er nicht binnen eines Jahres nach Verübung der verbotenen Eigenmacht geltend gemacht wird. Der Besitzer kann diesem Herausgabeverlangen gegenüber nach § 863 nur die Einrede entgegenhalten, dass die Besitzentziehung keine verbotene Eigenmacht war.

Die Berufung auf andere Rechte, die den Anspruchsgegner zum Besitz berechtigen, gestattet das Gesetz nicht. Sinn dieser Regelung ist der weitestgehende Ausschluss der Selbsthilfe. Dies soll dadurch erreicht werden, dass das Gericht die Besitzerlangung zunächst rückgängig macht, obwohl der Anspruchsgegner möglicherweise einen Anspruch auf Besitzeinräumung hat.

Beispiel 3: V hat dem K eine Vase verkauft. K zahlt den Kaufpreis und nimmt die Vase *gegen den Willen* des V sofort an sich. - V kann gegen K auf Herausgabe der Vase nach § 861 klagen. Darauf, dass K einen Anspruch auf Besitzverschaffung gemäß § 433 I 1 hatte, kommt es nicht an. Allerdings kann K nach h. M. im Prozess die Widerklage nach § 33 ZPO erheben, so dass er im Ergebnis die Vase nicht herausgeben muss.

Auch der *mittelbare Besitzer* kann den Anspruch aus § 861 geltend machen, vgl. § 869.

II. Die petitorischen Besitzschutzansprüche, § 1007

1. Der Anspruchsteller war früherer Besitzer
2. Der Anspruchsgegner ist gegenwärtiger Besitzer
3. Der Anspruchsgegner war im Zeitpunkt des Besitzerwerbs bösgläubig (§ 1007 I) oder die Sache ist dem Anspruchsteller abhanden gekommen (§ 1007 II)
4. Kein Ausschluss nach § 1007 III

§ 1007 stützt sich auf den Gedanken, dass unter den in der Vorschrift genannten Voraussetzungen die Vermutung des § 1006 II (der frühere Besitzer war Eigentümer) weiter gilt. Daher ist § 1007 ein petitorischer, also ein aus dem Eigentum abgeleiteter Anspruch.

1. Der Anspruchsteller war früherer Besitzer

Die Vorschrift des § 1007 erlangt besonders dann eigenständige Bedeutung, wenn der *frühere Besitzer*, der sich nicht auf §§ 985, 861, 823, 812 oder vertragliche Ansprüche stützen kann, die Herausgabe der Sache verlangt.

2. Der Anspruchsgegner ist gegenwärtiger Besitzer

Der Anspruchsgegner muss jetziger Besitzer sein.

3. Der Anspruchsgegner war im Zeitpunkt des Besitzerwerbs bösgläubig oder die Sache ist dem Anspruchsteller abhanden gekommen

Der jetzige Besitzer muss beim Besitzerwerb bösgläubig gewesen sein, § 1007 I.

Bösgläubig ist, wer das Fehlen eines gegenüber dem Anspruchsteller wirkenden Besitzrechts gekannt oder grob fahrlässig nicht gekannt hat.

Gemäß § 1007 II besteht der Herausgabeanspruch auch, wenn die Sache dem früheren Besitzer abhanden gekommen ist.

Abhandenkommen meint wie bei § 935 den *unfreiwilligen* Verlust des unmittelbaren Besitzes.

Der Anspruch aus § 1007 II besteht auch gegenüber einem gutgläubigen Besitzer. § 1007 dient somit dem Schutz des „besser Berechtigten".

Beispiel 4: A verleiht an B einen Regenschirm. B verliert den Regenschirm. C findet ihn und verschweigt den Fund, obwohl er erkennt, dass der Schirm dem A gehört. Hier hat B gegen C einen Anspruch auf Herausgabe nach § 1007 I.

Beispiel 5: Der in der Uhrenwerkstatt des C arbeitende A veräußert eine dem E gehörende Uhr an den gutgläubigen B. C verlangt von B Herausgabe der Uhr.

Lösung: C ist nicht Eigentümer, so dass ein Anspruch nach § 985 nicht besteht. B hat keine verbotene Eigenmacht begangen, so dass ein Anspruch nach § 861 ausscheidet. § 1007 I scheitert an der Gutgläubigkeit des B. Jedoch ist die Uhr dem C abhanden gekommen, somit besteht ein Herausgabeanspruch nach § 1007 II.

4. Kein Ausschluss nach § 1007 III

Nach § 1007 III ist der Anspruch ausgeschlossen, wenn der frühere Besitzer selbst bösgläubig war, er den Besitz freiwillig aufgegeben hat oder wenn dem jetzigen Besitzer ein Recht zum Besitz zusteht. Der Beklagte kann alle Einwendungen aus einem Recht zum Besitz geltend machen. Daher wird bei einer auf § 1007 gestützten Klage die Rechtslage – anders als bei § 861 – *endgültig* geklärt.

B. Die Selbsthilferechte des Besitzers nach §§ 859 ff.

I. Die Besitzwehr gemäß § 859 I

Die Gewaltrechte des Besitzers nach § 859 stellen gegenüber §§ 227 ff. erweiterte Rechtfertigungsgründe dar. Nach § 859 I, sog. *Besitzwehr,* hat der Besitzer ein Recht zur Selbstverteidigung, solange die verbotene Eigenmacht *noch nicht beendet* ist. § 859 I stellt einen besonderen Fall der Notwehr dar. Daher sind die Grenzen des § 227 II zu beachten: Die Gewaltanwendung darf das erforderliche Maß nicht überschreiten.

Die Besitzwehr gemäß § 859 I

1. Verbotene Eigenmacht
2. Störung droht oder dauert an
3. RF: Besitzer darf sich mit Gewalt wehren (Besitzwehr)

Beispiel 6: Der Landstreicher L betritt das Grundstück des B, um von dessen Obstbaum Äpfel zu klauen. Lässt L sich nicht durch Worte dazu bringen, das Obst abzugeben (Erforderlichkeit!), kann B ihm mit Gewalt das Obst abnehmen und ihn vom Grundstück vertreiben.

II. Die Besitzkehr gemäß § 859 II, III

Nach § 859 II, sog. *Besitzkehr,* darf der Besitzer eine bewegliche Sache, die ihm mittels verbotener Eigenmacht weggenommen wurde, mit Gewalt wieder an sich nehmen. Der Täter muss auf frischer Tat betroffen oder verfolgt sein, sog. *Nacheile.*

Die Besitzkehr gemäß § 859 II, III

1. Besitzentziehung einer beweglichen Sache durch verbotene Eigenmacht
2. Täter auf frischer Tat betroffen oder verfolgt
3. RF: Besitzer darf die Sache wieder an sich nehmen

Beispiel 7: D klaut im Geschäft des V einen Walkman und verlässt das Geschäft. V verfolgt ihn und entreißt ihm den Walkman. Zu Recht?

Lösung: D hatte dem V den Besitz entzogen und somit eine verbotene Eigenmacht nach § 858 I verübt. Der Besitzentzug war mit Verlassen des Ladens abgeschlossen. V hatte den D unmittelbar nach der Tat verfolgt, so dass er berechtigt war, ihm den Walkman nach § 859 II wieder abzunehmen.

Bei Grundstücken darf der Besitzer sich sofort nach der Entziehung durch Entsetzung des Täters des Grundstücks wieder bemächtigen, § 859 III. Was „sofort" bedeutet, ist nach der Verkehrsauffassung zu beurteilen.

Beispiel 8: B parkt sein Auto vor der Garageneinfahrt des A. A will vier Stunden später mit seinem Auto wegfahren. Da das Auto des B ihm die Ausfahrt versperrt, lässt er es abschleppen. Zu Recht?

Lösung: Das Zuparken ist als Besitzentziehung des Grundstücks anzusehen. Nach der Rechtsprechung kann auch dann noch von einer „sofortigen" Besitzentziehung gesprochen werden, wenn ein PKW bereits für 4 Stunden abgestellt wurde. A war daher nach § 859 III befugt, den Wagen des B abschleppen zu lassen.

Nach § 860 kann auch der Besitzdiener (§ 855) die seinem Geschäftsherrn zustehenden Selbsthilferechte (§ 859) ausüben. Dem *mittelbaren Besitzer* räumt das Gesetz keine Selbsthilferechte nach § 859 ein.

III. Die Besitzstörung gemäß § 862

Nach § 862 I kann der Besitzer die Beseitigung einer durch verbotene Eigenmacht eingetretenen *Besitzstörung* verlangen. Nach § 862 I 2 kann der Besitzer auf Unterlassung klagen, wenn weitere Störungen zu besorgen sind. Ein Ausschlussgrund ergibt sich aus § 862 II. Auch hier gelten § 863 und § 864. Der mittelbare Besitzer kann ebenfalls nach § 862 vorgehen (§ 869).

Beispiel 8: Der Mieter eines in einem Landhausgebiet gelegenen Hauses wird durch den Lärm eines Vereinslokals beeinträchtigt. Er kann nach § 862 auf Beseitigung der Störung klagen. Jedoch kann sich eine Duldungspflicht aus § 906 ergeben. Diese Vorschrift ist analog anwendbar, da der Besitzer nicht stärker geschützt sein kann als der Eigentümer.

▶ Literatur zu dieser Lektion
📖 **Schreiber**, Jura 1993, 440 (Besitzschutz - Grundlagen)
📖 **Kolhosser**, JuS 1992, 215; 393; 567 (Besitzschutz - Grundlagen)

Lektion 8: Der Anspruch aus § 1004

Das durch Art. 14 GG geschützte Eigentum gewährt dem Inhaber ein umfassend geschütztes, absolutes (= gegenüber jedermann wirkendes) Recht. Daher kann der Eigentümer mit seiner Sache grundsätzlich nach Belieben verfahren, § 903. Wir haben bereits gesehen, dass das Eigentum zivilrechtlich bei der Entziehung des Besitzes durch den Herausgabeanspruch nach § 985 geschützt ist. Wird das Eigentum in anderer Weise als durch Entziehung oder Vorenthaltung des Besitzes beeinträchtigt, steht dem Eigentümer ein Unterlassungs- und Beseitigungsanspruch nach § 1004 zu. Als Beeinträchtigung des Eigentums gilt jeder dem Inhalt des Eigentums widersprechende Zustand oder Vorgang.

Als Beeinträchtigungen kommen zunächst die sogenannten *positiven* Einwirkungen in Betracht. Dies sind Angriffe auf den Sachkörper. Hierzu zählen das Zuführen wägbarer Stoffe (z. B. Steine) oder unwägbarer Stoffe (§ 906) auf das Grundstück eines anderen sowie die Vornahme von Veränderungen auf dem eigenen Grundstück, die das Nachbargrundstück gefährden oder beeinträchtigen.

Beispiel 1: Das Abladen einer Fuhre Mist auf dem Nachbargrundstück ist eine Einwirkung auf das fremde Grundstück, die keine Entziehung oder Vorenthaltung des Besitzes darstellt und somit nach § 1004 abgewehrt werden kann.

Sogenannte *negative Immissionen* fallen dagegen nicht unter § 1004. Hiermit bezeichnet man die Fälle, in denen einem Grundstück Sonne, Licht, Luft oder ähnliches entzogen wird. Nach der Rechtsprechung liegt in diesen Fällen keine nach § 1004 abwehrbare Beeinträchtigung des Eigentums vor. Unter Umständen ergebe sich ein Anspruch aus § 242 und dem Aspekt des nachbarlichen Gemeinschaftsverhältnisses.

Auch sogenannte *ideelle Immissionen*, also solche Einwirkungen auf das menschliche Empfinden, die nicht gegenständlicher Art sind, wie zum Beispiel das Betreiben eines Bordells auf dem Nachbargrundstück, werden von der Rechtsprechung grds. nicht als durch § 1004 abwehrbare Beeinträchtigungen angesehen. Unter Umständen kann sich bei besonders schwerwiegenden Beeinträchtigungen auch nach der Rechtsprechung etwas anderes ergeben. Das *unbefugte Fotografieren* des Eigentums kann dagegen als Eingriff in die Rechtsposition „Eigentum" angesehen und nach § 1004 abgewehrt werden.

Der Beseitigungs- und Unterlassungsanspruch richtet sich gegen den Störer. **Störer** ist derjenige, der durch sein Handeln die Störung verursacht hat, sog. *Handlungsstörer* oder derjenige, der für eine Sache verantwortlich ist, die das Eigentum beeinträchtigt, sog. *Zustandsstörer*. Auf ein Verschulden kommt es nicht an.

Beispiel 2: Wer einen Stein in ein Fenster wirft, ist Handlungsstörer. Fällt ein Dachgiebel von einem Haus auf ein fremdes Grundstück, ist der Hauseigentümer als Zustandsstörer verantwortlich.

Nach § 1004 II ist der Beseitigungs- und Unterlassungsanspruch ausgeschlossen, wenn der Eigentümer zur *Duldung* der Beeinträchtigung verpflichtet ist. *Duldungspflichten* können sich aus den Regeln des Privatrechts oder aus dem öffentlichen Recht ergeben. Eine privatrechtliche Duldungspflicht kann sich zum Beispiel aus Rechtsgeschäft (Vertrag, Einräumung dinglicher Rechte etc.) oder aus gesetzlichen Vorschriften (§§ 906I, II 1, 904 S. 1, 912 I, 917 I, lesen!) ergeben.

Weiterhin kann sich eine Duldungspflicht aus den Grundsätzen des *nachbarlichen Gemeinschaftsverhältnisses* gemäß § 242 ergeben. Denn Nachbarn untereinander tragen erhöhte Duldungspflichten und können nichts Unzumutbares voneinander verlangen.

Duldungspflichten können außerdem kraft öffentlichen Rechts bestehen, z.b. aufgrund Gesetzes (§ 14 BImSchG), aus einem Verwaltungsakt oder aus überwiegendem öffentlichen Interesse.

Dauert die Störung an, kann der Anspruchsteller *Beseitigung* der Störung verlangen. Sind weitere Beeinträchtigungen zu besorgen (Wiederholungsgefahr), kann der Anspruchsteller *Unterlassung* verlangen, ggf. auch vorbeugend.

Auch *absolute Rechte*, für die eine entsprechende Regelung unmittelbar im Gesetz nicht vorgesehen ist, genießen den Schutz des § 1004. Hierzu zählen insbesondere die in § 823 I aufgezählten Rechtsgüter (Leben, Körper, Gesundheit etc.). § 1004 wird in diesen Fällen analog angewendet und heißt dann *quasinegatorischer Beseitigungs- und Unterlassungsanspruch*.

Die Notwendigkeit der Anwendung des § 1004 in diesen Fällen ergibt sich daraus, dass Rechte und Rechtsgüter nicht nur *nach* vollendeter Verletzung durch *Schadensersatzansprüche*, sondern auch *vorbeugend* gegen drohende Verletzungen geschützt werden müssen durch *Unterlassungsansprüche*.

Beispiel 3: Analog § 1004 können fortdauernde Störungen durch unwahre Tatsachenbehauptungen als Verletzung des allgemeinen Persönlichkeitsrechts einen Anspruch auf Unterlassung und Widerruf auslösen. Das allgemeine Persönlichkeitsrecht wird hergeleitet aus Art. 1 I i.V.m. Art. 2 I GG und ist ein „sonstiges Recht" im Rahmen des § 823 I.

Beispiel 4: Greift jemand durch eine unbefugte Tonbandaufnahme in das allgemeine Persönlichkeitsrecht eines anderen ein, so besteht analog § 1004 ein Anspruch auf Löschung der Aufnahme.

Lektion 9: Der Eigentumserwerb an beweglichen Sachen

Das Eigentum an beweglichen Sachen kann auf verschiedene Weise übertragen werden. Die wohl häufigste und wirtschaftlich wichtigste Übertragungsweise ist die rechtsgeschäftliche Übereignung nach §§ 929 ff. Das Eigentum kann aber auch durch Gesetz oder Hoheitsakt übergehen, vgl. Lektion 11.

Die Übereignung ist eine dingliche Verfügung. Eine *Verfügung* ist ein Rechtsgeschäft, das unmittelbar darauf gerichtet ist, ein bestehendes Recht zu belasten, zu verändern, zu übertragen oder aufzuheben. Bei der Übereignung folgt das deutsche Recht zum einen dem Trennungsprinzip: schuldrechtliches und dingliches Geschäft sind zwei verschiedene Rechtsgeschäfte. Ferner sind sie voneinander unabhängig, sog. *Abstraktionsprinzip*. Außerdem folgt das deutsche Recht dem Traditionsprinzip: um Eigentum zu übertragen, muss zu der dinglichen Einigung die Übergabe der Sache hinzutreten.

Beispiel 1: A verkauft dem B sein Auto und übereignet es zwei Wochen später. Dann stellt sich heraus, dass A beim Abschluss des Kaufvertrags völlig betrunken war. – Hier bleibt die Übereignung (Verfügung) nach dem Abstraktionsprinzip wirksam, obwohl der (schuldrechtliche) Kaufvertrag gemäß § 105 II nichtig ist.

I. Die Übereignung nach § 929 S. 1

Nach dem Grundtatbestand des § 929 S. 1 ist für die Übereignung einer beweglichen Sache erforderlich, dass eine *Einigung* über den Eigentumsübergang zwischen Eigentümer und Erwerber vorliegt und die Sache *übergeben* wird. Es ist also – anders als bei der schuldrechtlichen Einigung – zusätzlich ein Vollzugsmoment (Übergabe) erforderlich.

Ferner ist dem Wortlaut des § 929 S. 1 zu entnehmen, dass die Einigung zum Zeitpunkt der Übergabe bestehen muss. Erfolgt die Einigung *vor der Übergabe* (vorweggenommen), müssen die Parteien sich im Zeitpunkt der Übergabe immer noch einig sein. Zudem muss der Verfügende hinsichtlich der Verfügung Berechtigter sein, vgl. § 185.

---

1. Einigung zwischen Verfügendem und Erwerber
2. Übergabe der Sache
3. Einigsein zum Zeitpunkt der Übergabe
4. Berechtigung des Verfügenden

---

1. Die Einigung

Die Einigung gemäß § 929 ist ein dinglicher Vertrag. Sie unterliegt den allgemeinen Bestimmungen über Willenserklärungen und Verträge. Es müssen also nach §§ 145 ff. zwei übereinstimmende Willenserklärungen vorliegen, die darauf gerichtet sind, das Eigentum an einem Gegenstand zu übertragen. Es gelten die allgemeinen Nichtigkeitsgründe (§§ 104 ff., 119 ff., 125 ff., 134, 138 ff. etc.) und die Parteien können sich vertreten lassen (§§ 164 ff.). Die Einigung muss nicht ausdrücklich getroffen werden, sie kann sich auch *konkludent* ergeben. Ein dahingehender Wille der Parteien muss durch Auslegung nach §§ 133, 157 ermittelt werden.

Beispiel 2: A kauft bei B eine Bohrmaschine. A zahlt den Kaufpreis. B übergibt ihm die Maschine. - Ohne, dass die Parteien es aussprechen, ergibt sich aus dem Verhalten der Parteien (Zahlung des Kaufpreises, Übergabe der Bohrmaschine), dass ein Eigentumsübergang gewollt ist. Die dingliche Einigung gemäß § 929 S.1 wurde damit getroffen.

Im Sachenrecht gilt der **Bestimmtheitsgrundsatz.** Dieser besagt, dass wegen der absoluten Geltung dinglicher Rechte im Interesse der Rechtsklarheit nach außen genau *erkennbar* sein muss, welche Sache welcher Person zugeordnet ist.

Bei der Übereignung muss daher allein anhand der dinglichen Einigung von einem objektiven Beobachter ohne Heranziehung weiterer Umstände bestimmt werden können, an *welchen* Sachen der Eigentumswechsel eintreten soll.

Beispiel 3: K kauft (§ 433) im Obstladen des V einen Apfel. V nimmt einen Apfel aus der Kiste und übergibt ihn an K. In dem Zeitpunkt, als V den Apfel zur Übergabe anbietet, liegen zwei übereinstimmende Willenserklärung bezüglich des ausgesonderten und damit bestimmten Apfels vor. Eine Einigung i. S. d. § 929 S. 1 ist gegeben.

Beispiel 4: V hat ein Warenlager mit einem Bestand, der 50.000 Euro Wert ist. V übereignet dem K pauschal „Sachen aus dem Warenlager im Werte von 20.000 Euro". Genügt dies dem Bestimmtheitsgrundsatz?

Lösung: Hier ist nicht klar, *an welchen konkreten* Gegenständen das Eigentum übergehen soll. Die Einigung genügt daher nicht dem Bestimmtheitsgrundsatz. Eine Einigung i. S. d. § 929 S. 1 wurde also nicht erzielt. Dem Bestimmtheitsgrundsatz wäre jedoch genüge getan, wenn Waren im Wert von 20.000 Euro mit Bändern, Stiften etc. *markiert* oder komplett *ausgesondert* worden wären.

Die Einigung kann auch *antizipiert*, also vorweggenommen, erfolgen. Dies geschieht meistens mit Abschluss des Verpflichtungsgeschäfts. Besonders häufig ist diese Vorgehensweise anzutreffen, wenn Veräußerer und/oder Erwerber nicht persönlich an der Übergabe beteiligt sind. Auch hier ist erforderlich, dass im Zeitpunkt der Übergabe alleine anhand der vorausgegangenen Einigung die konkrete Sache ermittelt werden kann, an der das Eigentum übergehen soll (Bestimmtheitsgrundsatz).

Beispiel 5: K aus Köln kauft bei V in Eckernförde einen Strandkorb für sein Ferienhaus an der Ostsee und bezahlt diesen. V soll den Strandkorb im Ferienhaus des K abstellen und erhält hierfür den Schlüssel von K. Liegt eine Einigung über den Eigentumsübergang vor?

Lösung: K und V haben sich hier schon bei Abschluss des Kaufvertrages dahingehend geeinigt, dass das Eigentum an dem Strandkorb auf K übergehen soll. K hat mit der Zahlung des Kaufpreises konkludent seinen Eigentumserwerbswillen geäußert. V hat dieses Angebot konkludent durch das Versprechen, den Strandkorb in das Ferienhaus zu bringen, angenommen. Es liegt eine vorweggenommene Einigung i. S. d. § 929 S. 1 mit Abschluss des Kaufvertrages vor.

Anders als bei der Übereignung von Grundstücken (§ 925 II) kann die Einigung nach § 929 S. 1 auch unter eine *Bedingung* gestellt werden. Eine bedingte Einigung ist zum Beispiel bei dem in der Praxis häufigen *Eigentumsvorbehaltskauf* anzutreffen. Der Verkäufer übereignet hierbei unter der aufschiebenden Bedingung (§ 158 I), dass das Eigentum erst mit vollständiger Zahlung des Kaufpreises übergehen soll. Der Kaufvertrag selbst wird unbedingt geschlossen.

Der Verkäufer ist zunächst nicht wie bei § 433 I 1 zur Übertragung des (vollen) Eigentums auf den Käufer verpflichtet, sondern seine Verpflichtung erstreckt sich auf die Verschaffung bedingten Eigentums, § 449 I. Der Verkäufer bleibt erst einmal Eigentümer der Ware, der Käufer erwirbt nur ein *Anwartschaftsrecht* (AWR), vgl. hierzu Lektion 12. Zwar wird die Kaufsache dem Käufer schon übergeben, das Eigentum erhält er jedoch erst mit Bedingungseintritt (Zahlung des Kaufpreises).

Beispiel 6: K kauft bei dem Antiquitätenhändler V eine antike Kommode für 10.000 €. Da er den Preis nicht sofort zahlen kann, vereinbaren beide eine Ratenzahlung. V möchte das Eigentum erst mit Zahlung der letzten Rate übertragen (§ 449 I). – Hier erfolgt die dingliche Einigung unter der Bedingung vollständiger Kaufpreiszahlung, § 929 S. 1, 158 I. Das Eigentum geht auf K also erst mit Zahlung der letzten Rate über.

2. Die Übergabe nach § 929 S. 1

§ 929 S. 1 setzt weiterhin die *Übergabe* der Sache voraus. Erforderlich ist, dass der Erwerber den Besitz an der Sache erlangt. Hierdurch soll die in der Übereignung liegende Veränderung der dinglichen Rechtslage nach außen erkennbar werden, so dass dem im Sachenrecht geltenden Publizitätsprinzip (= die dingliche Zuordnung von Gütern zu Personen soll für jeden erkennbar sein) Genüge getan wird. Die Übergabe nach § 929 S. 1 setzt daher voraus, dass der Erwerber **a)** den Besitz an der Sache erhält, dass dies **b)** auf Veranlassung des Veräußerers hin geschieht und dass **c)** der Veräußerer keinen Besitzrest mehr zurückbehält.

a) Besitzerwerb auf Erwerberseite

Der Erwerber muss den unmittelbaren (§ 854 I, II) oder den mittelbaren (§ 868) Besitz übertragen bekommen. Die Übertragung des mittelbaren Besitzes reicht jedoch nur aus, wenn nicht der Veräußerer, sondern eine dritte Person der Besitzmittler ist. Ansonsten behielte der Veräußerer einen Besitzrest.

Beispiel 7: V verkauft an K einen Heißluftballon. K bezahlt den Ballon und bittet V, diesen an seinen Mieter M zu liefern. V liefert den Heißluftballon an M. Ist ein Besitzerwerb des K und damit eine Übergabe i.S.d. § 929 S.1 erfolgt?

Lösung: K hat den Besitz am Ballon erlangt, wenn er durch die Übergabe an M den mittelbaren Besitz (§ 868) erlangt hat. Zwischen K und M besteht ein Mietvertrag (§ 535) und damit ein Rechtsverhältnis i. S. d. § 868. Nach Ablauf des Mietvertrages steht K gegen M ein Herausgabeanspruch zu (§ 546 I). Mit der Übergabe von V an M ist M unmittelbarer Besitzer (§ 854 I) geworden und er hat den Willen, für K zu besitzen (Fremdbesitzerwillen). Eine Übergabe an K gemäß § 929 S. 1 ist somit erfolgt.

Es ist nicht erforderlich, dass der Erwerber persönlich an der Besitzübertragung beteiligt ist. Vielmehr genügt es, wenn auf Seiten des Erwerbers sein Besitzdiener (§ 855) oder sein Besitzmittler (§ 868) (s.o.) handeln. Ferner ist anerkannt, dass ein Besitzerwerb auf Erwerberseite sogar dann vorliegt, wenn die Übergabe an eine sogenannte *Geheißperson* erfolgt.

Geheißperson ist eine Hilfsperson, die auf Geheiß des Erwerbers den Besitz erlangt. Sie ist weder Besitzdiener noch Besitzmittler, es besteht also von Seiten des Erwerbers keine besitzrechtliche Position zu der Geheißperson.

Beispiel 8: V und K schließen einen Kaufvertrag über einen Kühlschrank. K verkauft den Kühlschrank sogleich weiter an G. Als V den K anruft, um zu erfragen, wo er den Kühlschrank hinliefern soll, bittet K den V, den Kühlschrank direkt an G zu liefern. Dies tut V dann auch. Ist ein Besitzerwerb des K und damit eine Übergabe i.S.d. § 929 S.1 erfolgt?

Lösung: Durch die Auslieferung an G hat K weder den unmittelbaren (§ 854) noch den mittelbaren Besitz (§ 868) erhalten, denn G ist weder sein Besitzdiener (§ 855) noch sein Besitzmittler (§ 868). Jedoch hat K den V angewiesen, an G zu liefern, so dass G als Geheißperson des K anzusehen ist. Damit liegt ein Besitzerwerb bei K gemäß § 929 S. 1 vor.

b) Auf Veranlassung des Veräußerers

§ 929 S. 1 spricht davon, dass der Eigentümer dem Erwerber die Sache übergeben muss. Dieses Erfordernis ist schon dann erfüllt, wenn die Besitzerlangung *auf Veranlassung* des Veräußerers erfolgt. Spiegelbildlich zu der Erwerberseite genügt es, wenn auf Weisung des Veräußerers hin sein Besitzdiener, Besitzmittler oder seine Geheißperson dem Erwerber den Besitz übertragen. Ausreichend ist es auch, wenn der Erwerber die Sache mit Einverständnis des Veräußerers wegnimmt, denn das Einverständnis ist dem Willensakt der Veranlassung gleichzusetzen.

Beispiel 9: V und K schließen einen Kaufvertrag über eine in der Gärtnerei des V stehende und mit einem Abholschild versehene Palme. V gestattet dem K die Abholung. Erfolgt die spätere Besitzerlangung des K „auf Veranlassung" des V?

Lösung: K soll das Eigentum an der durch Kennzeichnung bestimmten Palme erhalten. K erhält mit der Abholung den unmittelbaren Besitz an der Palme (§ 854 I). Wegen der Gestattung des V geschieht der Besitzerwerb auf Veranlassung des V.

c) Besitzverlust auf Veräußererseite

Die Übereignung nach § 929 S. 1 setzt außerdem voraus, dass der Veräußerer *keine Besitzbeziehung* mehr zu der Sache hat. Hatte der Veräußerer vor der Besitzübertragung den *unmittelbaren* Besitz inne, so muss er diesen aufgeben. Dies kann durch Übertragung des unmittelbaren Besitzes auf den Erwerber, den Besitzmittler oder auf die Geheißperson geschehen (s. o.). War der Veräußerer *mittelbarer* Besitzer, muss er das Besitzmittlungsverhältnis beenden. Hatte der Veräußerer keine besitzrechtliche Position zu der Sache, so reicht – als Gegenstück zum Geheißerwerb auf Erwerberseite – die Anweisung an eine Geheißperson zur Besitzübertragung an den Erwerber aus.

Beispiel 10: V verkauft eine Waschmaschine an K und weist seinen Lieferanten L an, an K zu liefern. Ist eine Einigung und Übergabe nach § 929 S. 1 erfolgt?

Lösung

Einigung: Mit Auslieferung der Waschmaschine überbringt L dem K konkludent das Angebot des V auf Eigentumsübertragung an der Waschmaschine. Durch Entgegennahme der Waschmaschine nimmt K das Angebot nach § 929 S. 1 konkludent an. Haben V und K zuvor telefoniert und hat V dem K mitgeteilt, er werde den L mit der Übergabe der Waschmaschine betrauen, so kann die dingliche Einigung auch vorweggenommen (vor Übergabe) zustande gekommen sein.

Übergabe: Mit Annahme der Maschine erhält K den unmittelbaren Besitz (§ 854 I) an dieser. Dies geschieht auf Veranlassung des V, der den L als Geheißperson (zwischen V und L besteht keine besitzrechtliche Beziehung) mit dieser Aufgabe betraut hat. Zwar hatte V keinen Besitz an der Waschmaschine, dies ist für die Übergabe nach § 929 S. 1 jedoch auch nicht erforderlich. Erforderlich ist nur, dass V keine besitzrechtliche Position (mehr) zu der Maschine hat, was hier der Fall ist. Die Einigung und Übergabe ist somit nach § 929 S. 1 erfolgt.

d) Wechsel des unmittelbaren Besitzes

Umstritten ist, ob bei der Eigentumsübertragung nach § 929 S. 1 der Wechsel des unmittelbaren Besitzers erforderlich ist. Bestand nämlich ein Besitzmittlungsverhältnis zwischen dem Veräußerer und einem Dritten, und gibt der Veräußerer den Besitz auf, so dass der Dritte ein Besitzmittlungsverhältnis mit dem Erwerber über die gleiche Sache abschließen kann, so bleibt der unmittelbare Besitzer (= Dritter) derselbe.

aa) Die wohl überwiegende Ansicht geht davon aus, dass ein Wechsel des unmittelbaren Besitzes für eine Übergabe nach § 929 S. 1 nicht erforderlich ist. Es reiche aus, dass der unmittelbare Besitzer den Besitz nun nicht mehr dem Veräußerer, sondern dem Erwerber mittele.

bb) Nach anderer Ansicht widerspricht dies dem Publizitätsprinzip. Bleibe der unmittelbare Besitz – abgesehen davon, dass der unmittelbare Besitzer nun nicht mehr für den Veräußerer, sondern für den Erwerber besitzt - unverändert bestehen, so müsse die Eigentumsübertragung nach §§ 929, 931 vorgenommen werden.

cc) Stellungnahme: Das Gesetz hält selbst nicht streng am Publizitätsgrundsatz fest (§§ 930, 931), so dass der ersten Ansicht zu folgen ist. Ein Wechsel des unmittelbaren Besitzes ist daher nicht erforderlich.

Beispiel 11: K kauft von V 50 Fässer Bier, die bei L gelagert und extra gekennzeichnet sind. K zahlt den Kaufpreis. K und V vereinbaren, dass V und L den Lagervertrag aufheben sollen und K mit L einen neuen Lagervertrag abschließt. Hat K Eigentum an den 50 Fässern Bier erlangt?

Lösung: V und K haben eine dingliche *Einigung* i. S. d. § 929 S. 1 über den Eigentumsübergang an den 50 Fässern Bier erzielt. Weiterhin müssten die 50 Fässer dem K *übergeben* worden sein. Mit Abschluss des Lagervertrages hat K den mittelbaren Besitz an den Fässern erlangt (§ 868). Diesen Besitzerwerb hat V durch Auflösung des eigenen Lagervertrags veranlasst. V hat keine besitzrechtliche Position mehr im Hinblick auf die Fässer. Zwar hat sich die Person des unmittelbaren Besitzers L nicht verändert. Dies ist nach überwiegender Ansicht jedoch unschädlich. Somit ist K nach § 929 S. 1 Eigentümer der 50 Fässer geworden.

3) Einigsein

Aus § 873 II und § 956 I 2 ergibt sich, dass eine *vorweggenommene Einigung* bis zur Übergabe der Sache *widerrufen* werden kann. Im Gegensatz zu der schuldrechtlichen Einigung enthält die dingliche Einigung also *kein* verpflichtendes Moment. Bei der vorweggenommenen Einigung ist daher zu überprüfen, ob sich die Parteien im Zeitpunkt der Übergabe noch *einig sind* oder ob ein Widerruf erfolgt ist.

4) Die Berechtigung

Der Verfügende muss Berechtigter sein, damit die Übereignung wirksam ist. Verfügungsbefugt ist zunächst der *Eigentümer*, denn dieser kann gemäß § 903 nach Belieben mit seiner Sache verfahren. Allerdings ist entgegen dem Wortlaut des § 929 S. 1 nicht allein entscheidend, dass der Verfügende Eigentümer ist, sondern ihm muss auch die *Verfügungsbefugnis* zukommen. So ist etwa derjenige Eigentümer in seiner Verfügungsbefugnis beschränkt, der einem gesetzlichen (§ 135) oder behördlichen (§ 136) Veräußerungsverbot untersteht oder dessen Verfügungsbefugnis in anderer Weise kraft Gesetzes beschränkt ist.

Beispiel 12: Das Insolvenzverfahren ist über das Vermögen der E eröffnet worden. Dennoch veräußert und übergibt E eine Halskette an X. Hat X Eigentum an der Halskette erlangt?

Lösung: E und X haben die dingliche Einigung und die tatsächliche Übergabe gemäß § 929 S. 1 vollzogen. Zwar war E Eigentümerin der Kette, sie war jedoch gemäß § 81 I InsO nicht verfügungsbefugt. Ein Eigentumsübergang nach § 929 S. 1 ist daher nicht erfolgt.

Entgegen dem Wortlaut des § 929 S. 1 ist auch derjenige Nichteigentümer verfügungsbefugt und damit Berechtigter, dem eine Verfügungsbefugnis kraft Gesetzes zusteht. Dies sind zum Beispiel der Insolvenzverwalter (§ 80 I InsO), der Nachlaßverwalter (§ 1984 I) und der Testamentsvollstrecker (§ 2205).

Weiterhin ist der Nichteigentümer, der mit *vorheriger Zustimmung* (= Einwilligung) des Berechtigten eine Verfügung vornimmt, als Berechtigter anzusehen (§ 185 I). Der Berechtigte hat dann keinen Anspruch auf den Verkaufserlös etc. aus § 816 I, weil der Verfügende nicht als „Nichtberechtigter" gehandelt hat.

Beispiel 13: Geschäftsinhaber I betraut seinen Angestellten A damit, das sich im Büro befindende Gemälde „Die Sonnenblume" zu veräußern. A wird sich mit X über den Verkauf einig und übergibt diesem gegen Zahlung des Kaufpreises das Bild. Hat A wirksam verfügt?

Lösung: X und A als Stellvertreter des I (§ 164) haben sich dinglich über den Eigentumsübergang an dem Gemälde geeinigt (§ 929 S. 1). A als Besitzdiener (§ 855) des I hat dem X das Bild übergeben. Weil I in die Verfügung eingewilligt hatte (§ 185 I), liegt eine wirksame Verfügung vor.

Wer jedoch als Nichteigentümer *ohne Einwilligung* des Berechtigten eine Verfügung vornimmt, ist *Nichtberechtigter.* Genehmigt der Berechtigte die Verfügung gemäß § 185 II 1, wird diese rückwirkend wirksam und der Berechtigte hat dann einen Anspruch auf den Verkaufserlös etc. aus § 816 I, weil der Verfügende als „Nichtberechtigter" eine wirksame Verfügung getroffen hat.

Beispiel 14: I leiht dem A ein Gemälde. A verkauft und übereignet es ohne Wissen des I heimlich an den bösgläubigen X für 3.000 €. Als I dies erfährt, verzichtet er auf das Bild und verlangt den Erlös von A nach § 816 I 1 heraus. Zu Recht?

Lösung: Indem A das Bild an X übereignete, hat er als *Nichtberechtigter entgeltlich* über das Bild *verfügt.* Diese Verfügung ist dem Berechtigten I gegenüber *wirksam*, wenn X Eigentümer des Bildes geworden ist.

A müsste dazu als „Berechtigter" gehandelt haben. A war aber Nichtberechtigter, so dass X grds. das Eigentum nur gutgläubig gemäß § 932 I erworben haben kann. § 935 steht einem gutgläubigen Erwerb nicht entgegen, da das Bild dem I wegen der Leihe nicht „abhanden" gekommen ist. X war aber bösgläubig und hat daher nicht gutgläubig Eigentum nach § 932 I erworben. Jedoch ist in dem Herausgabeverlangen des I eine *konkludente Genehmigung* der Übereignung gemäß § 185 II 1 zu sehen, so dass X Eigentümer geworden ist. Die Verfügung des A ist dem I gegenüber aufgrund seiner eigenen Genehmigung also wirksam. Demnach besteht ein Anspruch des I gegen A auf Herausgabe der erlangten 3.000 €.

II. Die Übereignung nach § 929 S. 2

Nach § 929 S. 2 genügt die *Einigung* über den Eigentumsübergang, wenn der Erwerber bereits im Besitz der Sache ist. Es ist unerheblich, ob der Erwerber den unmittelbaren oder den mittelbaren Besitz innehat. Jedoch muss der Veräußerer wie bei § 929 S. 1 jede besitzrechtliche Beziehung zu der Sache verlieren. Ist der Erwerber nur mittelbarer Besitzer, muss also, wie im Falle des § 929 S. 1, ein Dritter Besitzmittler sein. Wie auch bei § 929 S. 1 müssen bei § 929 S. 2 das Einigsein und die Berechtigung des Verfügenden bestehen.

72

Beispiel 15: V hat ein Buch an L verliehen. Nachdem L es gelesen hat, hat er es an X weiterverliehen. L unterrichtet V, dass er das Buch weiterverliehen hat. Da V das Buch nicht besonders spannend fand, ruft er bei X an und sagt ihm, er könne es geschenkt haben. Hat X Eigentum an dem Buch erlangt?

Lösung: V hat sich mit X darüber geeinigt, dass das Eigentum an dem Buch auf X übergehen soll. Da X den unmittelbaren Besitz an dem Buch innehatte, genügte die Einigung für den Eigentumsübergang (§ 929 S. 2). Als Eigentümer war V zu der Verfügung berechtigt. Somit hat X nach § 929 S. 2 das Eigentum an dem Buch erlangt.

III. Die Übereignung nach § 930

Nach § 930 kann die von § 929 S. 1 vorgesehene **Übergabe** durch Vereinbarung eines sog. *Besitzkonstituts* in Form eines Besitzmittlungsverhältnisses ersetzt werden, sog. *Übergabesurrogat*. Der Veräußerer kann dadurch unmittelbarer Besitzer der veräußerten Sache bleiben. Dies ist insbesondere bei Sachen, die zur Sicherheit übereignet werden, im Interesse des Veräußerers (vgl. Lektion 13). Der Nachteil der Übereignung nach §§ 929 S. 1, 930 besteht darin, dass nach außen hin nicht erkennbar wird, wer der Eigentümer der Sache ist. Es liegt also eine Einschränkung des Publizitätsprinzips vor.

---

1. Einigung zwischen Verfügendem und Erwerber
2. Statt Übergabe Vereinbarung eines Besitzkonstitutes
3. Einigsein
4. Berechtigung des Verfügenden

Die Übereignung nach §§ 929 S. 1, 930 setzt wie die „Grundform" des § 929 S. 1 eine dingliche *Einigung* über den Eigentumsübergang voraus. Weiterhin ist erforderlich, dass der Veräußerer mittelbarer oder unmittelbarer Besitzer der Sache ist. Der Erwerber und der Veräußerer müssen ein Besitzmittlungsverhältnis nach § 868 vereinbaren. In Betracht kommen die in § 868 genannten Rechtsverhältnisse sowie gesetzliche Besitzmittlungsverhältnisse, z. B. die eheliche Lebensgemeinschaft oder die elterliche Vermögenssorge. Kennzeichnend für das Besitzkonstitut nach § 930 ist, dass sich der *Eigenbesitz* des Veräußerers (= Besitz für sich selbst als Eigentümer, vgl. § 872) in *Fremdbesitz* (= Besitz für den Erwerber als neuen Eigentümer) umwandelt. Auch hier sind das *Einigsein* und die *Berechtigung* des Verfügenden zu prüfen.

Beispiel 16: Designer V verkauft ein in der Schaufenstervitrine ausgestelltes Kleid an die K. K zahlt den Kaufpreis. Sie vereinbaren, dass das Kleid bis zum Eintreffen der neuen Kollektion im Schaufenster verbleiben soll. Ist die K Eigentümerin des Kleides geworden?

Lösung: Mit Zahlung des Kaufpreises hat K konkludent ein Angebot auf Eigentumsübertragung an dem Kleid abgegeben. Dies hat V durch Entgegennahme des Geldes konkludent angenommen. Es liegt eine *Einigung* gemäß § 929 S. 1 vor.

Die **Übergabe** gemäß § 929 S. 1 ist nicht erfolgt. Allerdings könnte das Eigentum durch Vereinbarung eines Übergabesurrogates nach § 930 übergegangen sein. Der Veräußerer V ist unmittelbarer Besitzer des Kleides geblieben. Es müsste ein Rechtsverhältnis i. S. d. § 868 vereinbart worden sein, vgl. dazu S. 39.
In Betracht kommt ein Leihvertrag (§ 598) oder eine Verwahrung (§ 688). Da das Kleid im Interesse des V im Schaufenster verbleibt, ist eher eine Leihe anzunehmen. In jedem Fall besteht aber ein Rechtsverhältnis i. S. d. § 868, aus dem sich ein Herausgabeanspruch (§ 604 oder § 695) der K ergibt. V besitzt mit Fremdbesitzerwillen für K. Somit liegt ein Besitzkonstitut nach § 930 vor. Einigsein und Berechtigung des V sind gegeben. K ist also Eigentümerin des Kleides geworden.

Beispiel 17: Die Eltern wollen ihrem Sohn K die im Wohnzimmer installierte Playstation übereignen. An seinem elften Geburtstag teilen sie ihm mit, dass die Playstation nun ganz ihm gehöre. K fällt seinen Eltern um den Hals. Hat K das Eigentum erworben?

Lösung: Die Eltern haben K das Angebot auf Übertragung des Eigentums an der Playstation unterbreitet und K hat das Angebot konkludent angenommen, indem er seinen Eltern um den Hals gefallen ist. K erlangt durch die Erklärung, Eigentum erwerben zu wollen, lediglich einen rechtlichen Vorteil. Daher ist seine Willenserklärung nach § 107 wirksam und die dingliche *Einigung* ist mit seinen Eltern zustande gekommen (§ 929 S.1). Da die Playstation sich im Wohnzimmer befindet, haben die Eltern ihren Besitz an ihr nicht verloren. Eine Übereignung nach § 929 S. 1 kommt daher mangels „*Übergabe*" nicht in Betracht. Die **Übergabe** könnte aber durch Vereinbarung eines Besitzkonstituts (§§ 929 S. 1, 930) ersetzt worden sein. Ausreichend für ein Rechtsverhältnis i. S. d. § 868 ist ein gesetzliches Besitzmittlungsverhältnis, wie es das *Eltern-Kind-Verhältnis* darstellt. Ferner genügt der übereinstimmende Parteiwille, dass das gesetzliche Besitzmittlungsverhältnis den übereigneten Gegenstand erfassen soll. Dies ist hier der Fall. Nach Beendigung des Eltern-Kind-Verhältnisses (mit Volljährigkeit des K) steht K auch ein *Herausgabeanspruch* gegen seine Eltern zu. Durch die Äußerung gegenüber K, die Playstation solle ein Geschenk sein, haben die Eltern ihren *Fremdbesitzerwillen* zum Ausdruck gebracht. K hat damit das Eigentum an der Playstation nach §§ 929 S. 1, 930 erworben.

Das Besitzkonstitut kann bereits vereinbart werden, bevor der Veräußerer im Besitz der Sache ist, sog. *antizipiertes Besitzkonstitut.* Wird die Einigung über das Besitzkonstitut vorweggenommen, ist wiederum erforderlich, dass sich die Parteien in dem Zeitpunkt, in dem der Veräußerer den Besitz erlangt und das Besitzmittlungsverhältnis mit dem Erwerber zustande kommt, noch einig sind. Mit Erwerb der Sache tritt ein doppelter Eigentumswechsel ein. Zunächst wird der Veräußerer grds. nach § 929 S. 1 für eine juristische Sekunde Eigentümer. Sogleich treten die Voraussetzungen der §§ 929 S. 1, 930 ein, so dass nach dem Erwerb der Sache durch den Veräußerer der Erwerber Eigentümer wird.

Beispiel 18: Autohändler V vereinbart mit K nach Abschluss des Kaufvertrags und Kaufpreiszahlung durch K Lieferung eines Ferrari F 50, der erst noch in Italien hergestellt werden muss. Liefertermin soll der 01.08. sein. Da V das Auto zunächst als Ausstellungsstück behalten möchte, wird vereinbart, dass K es dem V bis zum 10.08. in Verwahrung gibt. - Bevor das Auto überhaupt existent war, haben V und K ein vorweggenommenes Besitzkonstitut (§ 688) vereinbart. Wird dem V das Auto am 01.08 aus Italien geliefert, so wird er für eine juristische Sekunde nach § 929 S. 1 Eigentümer. Sofort danach geht das Eigentum auf K nach §§ 929 S. 1, 930 über.

IV. Die Übereignung nach § 931

Gemäß § 931 kann die Übergabe nach § 929 S. 1 auch dadurch ersetzt werden, dass der Veräußerer dem Erwerber seinen Anspruch auf Herausgabe der Sache abtritt, wenn sich diese im unmittelbaren Besitz eines Dritten befindet. § 931 stellt damit eine weitere Durchbrechung des in § 929

S. 1 geltenden Traditions- und Publizitätsprinzips dar und ist ebenfalls ein sogenanntes Übergabesurrogat. Die Frage, welcher Herausgabeanspruch abzutreten ist, richtet sich danach, welcher Herausgabeanspruch dem Veräußerer zusteht. Ist der Veräußerer mittelbarer Besitzer der Sache, erfolgt die Abtretung des sich aus dem Besitzmittlungsverhältnis ergebenden Anspruchs.

---

1. Einigung zwischen Verfügendem und Erwerber
2. Statt Übergabe Abtretung des Herausgabeanspruchs
3. Einigsein
4. Berechtigung des Verfügenden

Beispiel 19: Das Boot des V befindet sich bei L in Verwahrung. V möchte das Eigentum an dem Boot auf K übertragen. K und V einigen sich über den Eigentumsübergang (§ 929 S.1). Weiterhin einigen sie sich über die Abtretung (§ 398) des Herausgabeanspruchs aus § 695. Damit ist K Eigentümer des Bootes geworden (§§ 929 S. 1, 931).

Ist der Veräußerer nicht mittelbarer Besitzer der Sache, hat aber einen *sonstigen Herausgabeanspruch* gegen den unmittelbaren Besitzer, etwa aus §§ 812, 823 ff., 861 ff. oder § 1007, so hat er diesen Anspruch abzutreten.

Beispiel 20: E hat gegen den Dieb D einen Anspruch auf Herausgabe der Sache nach §§ 861 I, 1007 I, II, 823 I, II, 826, 687 II, 681 S. 2, 667, 812 I 1, 2. Alt. Diese Ansprüche kann er seinem Käufer abtreten.

Hat der Veräußerer außer dem aus dem Eigentum resultierenden Anspruch nach § 985 *keine* Herausgabeansprüche gegen den unmittelbaren Besitzer, so ist fraglich, ob der Anspruch aus § 985 *abgetreten* werden muss oder ob die bloße *Einigung* genügt. Nach wohl überwiegender Ansicht muss *keine* Abtretung erfolgen, weil der Herausgabeanspruch nach § 985 untrennbar mit dem Eigentum verbunden ist und eine selbständige Abtretung daher gar nicht möglich ist. Die Einigung genügt daher.

76

▸ **Literatur zu dieser Lektion**

📖 Skript **Einführung in das Bürgerliche Recht**, Lektion 6

📖 Früh, **JuS** 1995, 221 (Eigentum und Besitz)

📖 Lenenbach, **Jura** 1997, 653 (Klausur)

Lektion 10: Der gutgl. Erwerb vom Nichtberechtigten

Ist der über das Eigentum an einer Sache Verfügende nicht zu der Verfügung berechtigt, so könnte die Verfügung ins Leere gehen, die Verfügung wäre unwirksam. Dies würde jedoch die Verkehrsfähigkeit von Gütern im Wirtschaftsverkehr stark beeinträchtigen. Daher hat sich der Gesetzgeber dafür entschieden, unter bestimmten Voraussetzungen auch den Erwerb von einem *Nichtberechtigten* als wirksamen Erwerb im Rechtsverkehr anzusehen. Durfte der Erwerber davon ausgehen, dass der Verfügende Eigentümer war, so soll sein *guter Glaube* geschützt werden. Als Anknüpfungsmoment für die Gutgläubigkeit hat der Gesetzgeber den *Besitz* gewählt. Denn an den Besitz wird der Vertrauenstatbestand geknüpft, dass der Besitzer Eigentümer der Sache ist (§ 1006). Grundlage für den gutgläubigen Erwerb ist somit der *Rechtsschein des Besitzes.*

Es kann dabei nicht außer Acht gelassen werden, dass die Ermöglichung des gutgläubigen Erwerbs eine Lösung zu Lasten des wahren Eigentümers der Sache darstellt. Die §§ 932 ff. versuchen einen Ausgleich zwischen den Interessen des wahren Eigentümers und des am Rechtsverkehr teilnehmenden Erwerbers vorzunehmen. Nur derjenige Eigentümer, der sein Eigentum **freiwillig** aus der Hand gegeben hat, soll sein Eigentum an einen gutgläubigen Erwerber verlieren, z.B. wenn er die Sache verliehen hat. Denn wer die Sache freiwillig aus der Hand gegeben hat, hat den durch den Besitz entstehenden Rechtsschein, dass der Veräußerer zu der Veräußerung legitimiert sei, *selbst veranlasst.*

Der Erwerb des Eigentums auf Grund der §§ 932 bis 934 tritt hingegen nicht ein, wenn die Sache dem Eigentümer gestohlen worden, verloren gegangen oder sonst abhanden gekommen war, § 935 I.

Voraussetzungen des gutgläubigen Erwerbs

Die Tatbestände des gutgläubigen Erwerbs setzen voraus, dass alle Erwerbsvoraussetzungen nach §§ 929 ff. (Einigung, Übergabe bzw. Übergabesurrogat, Einigsein) bis auf die Berechtigung vorliegen. Die fehlende Berechtigung wird unter den Voraussetzungen der §§ 932 ff. überwunden.

A. Einigung, Übergabe o. Übergabesurrogat, Einigsein
B. Überwindung der fehlenden Berechtigung
   I. Rechtsgeschäft im Sinne eines Verkehrsgeschäfts
   II. Rechtsschein des Besitzes, § 932-934
   III. Guter Glaube, § 932-934
   IV. Kein Abhandenkommen, § 935

I. Rechtsgeschäft im Sinne eines Verkehrsgeschäfts

Ein gutgläubiger Erwerb ist nur möglich, wenn ein Rechtsgeschäft im Sinne eines *Verkehrsgeschäfts* vorliegt. Grund: Der gutgläubige Erwerb dient dem Schutz des Rechtsverkehrs. Ein gutgläubiger Erwerb scheidet daher nach Sinn und Zweck aus, wenn der Veräußerer und der Erwerber rechtlich oder wirtschaftlich *identisch* sind. Ferner finden §§ 932 ff. keine Anwendung auf Fälle, die eigentlich dem gesetzlichen Erwerb zuzuordnen sind.

Beispiel 1: V hinterlässt seinen Kindern testamentarisch sein Haus samt Einrichtungsgegenständen. Darunter befindet sich eine Truhe, die in Wahrheit dem X gehört. Die Kinder können nicht geltend machen, sie hätten das Eigentum an der Truhe gutgläubig erlangt, da die Erbfolge keinen rechtsgeschäftlichen, sondern einen gesetzlichen (§ 1922) Erwerb darstellt.

Beispiel 2: Rechtsgeschäfte, die eine Vorwegnahme der Erbfolge darstellen, stellen kein Rechtsgeschäft i. S. d. §§ 932 ff. dar, da sie dem gesetzlichen Erwerb nach § 1922 zuzuordnen sind. Ebenso ist eine Erbauseinandersetzung wie der Erwerb im Wege der Universalsukzession (§ 1922) zu behandeln.

Beispiel 3: Will die Erbengemeinschaft X, Y und Z einen in Wirklichkeit nicht zum Nachlass gehörenden Nachlassgegenstand an die A-OHG übereignen, deren alleinige Gesellschafter sie sind, so scheitert ein gutgläubiger Erwerb nach §§ 932 ff. an der *Personenidentität* der Beteiligten.

II. Der Rechtsschein des Besitzes

Den Erwerbstatbeständen der §§ 932 ff. liegt das gemeinsame Prinzip zugrunde, dass der Veräußerer grds. durch den Rechtsschein des Besitzes legitimiert sein muss. Entscheidend ist die Rechtsmacht des Veräußerers, dem Erwerber den Besitz zu verschaffen (sog. Besitzverschaffungsmacht). Ist der Verfügende Nichtberechtigter, so entscheidet der jeweilige Erwerbstatbestand darüber, welche Gutglaubensvorschrift zu prüfen ist.

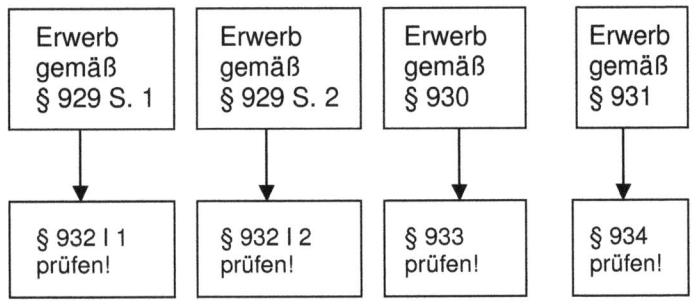

1. Gutgläubiger Erwerb nach §§ 929 S. 1, 932 I 1

Erfolgt die Übereignung nach § 929 S. 1, so liegt schon in der Übergabe der Sache an den Erwerber der Beweis der Besitzverschaffungsmacht des Veräußerers. Auch wenn der Veräußerer bei der Übergabe *Hilfspersonen* einschaltet, muss der Erwerber nur im Hinblick auf das *Eigentum* des

Veräußerers gutgläubig sein, sofern die Hilfspersonen als solche auftreten.

Beispiel 4: V verkauft an K eine Vitrine, die bei L gelagert ist. V weist L an, an K zu liefern. L übergibt die Vitrine an K. Es stellt sich heraus, dass V nicht Eigentümer der Vitrine ist. K hielt V gutgläubig für den Eigentümer. Hat K das Eigentum erworben?

Lösung: Die Einigung, Übergabe und das Einigsein sind im Rahmen des § 929 S. 1 gegeben. Berechtigung? V war Nichtberechtigter. Guter Glaube des K gemäß § 932 I 1? Für den gutgläubigen Erwerb nach § 932 I 1 kommt es nur darauf an, dass der Erwerber (K) den Veräußerer V für den Eigentümer hielt. Dass die Hilfsperson L und nicht der V selbst die Vitrine übergeben hat, ist hier nicht relevant. Ein gutgläubiger Erwerb ist folglich gemäß §§ 929 S. 1, 932 I 1 erfolgt.

2. Gutgläubiger Erwerb nach §§ 929 S. 2, 932 I 2

Erfolgte die Übereignung durch bloße Einigung nach § 929 S. 2, weil sich die Sache schon im Besitz des Erwerbers befand, so ist ein gutgläubiger Erwerb nur möglich, wenn der Erwerber den Besitz *von dem Veräußerer erlangt* hatte. Es ist also die Übergabe i. S. d. § 929 S. 1 durch den Veräußerer erforderlich.

Beispiel 5: V vermietet an K einen Videorekorder. Nach Nutzung desselben entschließt K sich, dem V den Videorekorder abzukaufen. Er zahlt den Kaufpreis und einigt sich mit dem V gutgläubig über den Eigentumsübergang. Danach stellt sich heraus, dass V nicht Eigentümer des Gerätes war. Hat K Eigentum daran erlangt?

Lösung: K hatte den unmittelbaren Besitz am Videorekorder, so dass das Eigentum durch bloße Einigung nach § 929 S. 2 übergehen konnte. V war aber Nichtberechtigter. Die fehlende Berechtigung kann durch §§ 932 I 2, 932 I 1 überwunden werden. Die Übergabe, also hier die Verschaffung des unmittelbaren Besitzes, ist durch den Veräußerer V erfolgt. V hat keinen Besitzrest am Videorekorder. Im Zeitpunkt der Einigung über den Eigentumsübergang war K im Hinblick auf das Eigentum des V an dem Gerät gutgläubig gemäß § 932 I 1. Somit hat K den Videorekorder gutgläubig erworben.

Hinweis: Das Tatbestandsmerkmal „von dem Veräußerer erlangt" bedeutet nicht, dass der Veräußerer die Sache *persönlich* übergeben haben muss. Vielmehr genügt es, wenn ein Dritter sie *auf Weisung des Veräußerers* übergeben hat.

3. Gutgläubiger Erwerb nach §§ 929 S. 1, 930, 933

Erfolgt die Veräußerung durch Vereinbarung eines Besitzkonstituts nach §§ 929 S. 1, 930, so tritt ein gutgläubiger Erwerb vom Nichtberechtigten nur ein, wenn dem Erwerber die Sache *von dem Veräußerer übergeben* wird. Unter der Übergabe gemäß § 933 ist dasselbe zu verstehen wie bei § 929 S. 1. Die Übergabe muss auf Veranlassung des Veräußerers hin geschehen sein und der Veräußerer darf keinen Besitzrest haben.

Beispiel 6: Antiquitätenhändler V verkauft an K ein asiatisches Lackkästchen, das V für K noch zwei Monate verwahren will, da der K sich erst dann eine Alarmsicherung für sein Haus anschaffen will. Es stellt sich heraus, dass das Kästchen nicht dem V, sondern dem E gehört. K hat den Kaufpreis bezahlt und meint, er habe das Eigentum an dem Kästchen gutgläubig erworben. Zu Recht?

Lösung: Eine Einigung zwischen V und K ist gemäß §§ 929 S. 1, 930 (§§ 688, 868) zustande gekommen. V war nicht Eigentümer des Kästchens und damit Nichtberechtigter. Nach § 933 kann K das Kästchen aber gutgläubig erwerben, wenn es ihm übergeben worden ist. Zwar hat K den mittelbaren Besitz an dem Lackkästchen erlangt. V behält jedoch als unmittelbarer Besitzer einen Besitzrest zurück. Damit ist die nach § 933 erforderliche Übergabe nicht erfolgt. Somit ist K nicht gutgläubig Eigentümer des Kästchens geworden.

4. Gutgläubiger Erwerb nach §§ 931, 934

Ist die Übergabe durch Abtretung des Herausgabeanspruchs nach § 931 ersetzt worden, hängen die Voraussetzungen des gutgläubigen Erwerbs davon ab, ob der Veräußerer bei der Abtretung mittelbarer Besitzer war oder nicht.

a) War der Veräußerer **mittelbarer Besitzer** der Sache (§ 934 1. Alt.), dann ist der gutgläubige Erwerb schon mit Abtretung des Herausgabeanspruchs nach § 870 möglich, denn hiermit verliert der Veräußerer jegliche besitzrechtliche Position zu der Sache, wohingegen der Erwerber den Besitz erlangt.

Beispiel 7: K kauft ein Buch von V. Dieses befindet sich bei L, dem V es geliehen hat. Daher wird die Übergabe durch die Abtretung des Herausgabeanspruchs des V gegen L ersetzt (§§ 398, 604). Hat der gutgläubige K Eigentum erworben, wenn sich herausstellt, dass das Buch in Wirklichkeit dem E gehörte?

Lösung: Nach § 934 1. Alt. hat K gutgläubig das Eigentum erworben, da V ihm den Herausgabeanspruch gegen L abgetreten hat (§§ 398, 604) und K gutgläubig davon ausging, dass V Eigentümer des Buches war.

Teilweise wird ein Wertungswiderspruch darin gesehen, dass die Erlangung mittelbaren Besitzes bei § 934 1. Alt. zum gutgläubigen Erwerb ausreicht, bei § 933 jedoch nicht. § 934 1. Alt. und § 933 unterscheiden sich jedoch dadurch, dass im Falle des § 934 1. Alt. der Veräußerer seinen Besitz *vollständig* aufgibt, wohingegen bei § 933 der Veräußerer als unmittelbarer Besitzer *nicht* die vollständige Sachherrschaft auf den Erwerber überträgt (vgl. Bsp. 6). Daher stellt die unterschiedliche rechtliche Behandlung beider Fälle keinen Wertungswiderspruch dar. Auch nach § 933 ist ein gutgläubiger Erwerb möglich, wenn der Veräußerer keinen Besitzrest zurückbehält. Damit beruhen § 934 1. Alt. und § 933 auf derselben gesetzgeberischen Wertung.

b) Ist der Veräußerer **nicht mittelbarer Besitzer** (§ 934 2. Alt.), so ist ein gutgläubiger Erwerb nur möglich, wenn der Erwerber den *Besitz erlangt*. Es reicht auch der Erwerb des mittelbaren Besitzes aus. Auch hier darf der Veräußerer keine Besitzbeziehung zu der Sache mehr haben.

Beispiel 8: B verkauft und übereignet ein Fahrrad an den C. Jedoch ficht C den Kaufvertrag (§ 433) an, so dass dieser gemäß 142 I nichtig ist. Daraufhin übereignet B das Fahrrad erneut, nämlich an D. Dies geschieht durch Einigung und Abtretung (§§ 929 S. 1, 931, 934 2. Alt.) des ihm gegen C zustehenden bereicherungsrechtlichen Herausgabeanspruchs (§ 812 I 1. Alt.). Hat der gutgläubige D das Eigentum am Fahrrad erworben?

Lösung: Ursprünglich war C Eigentümer des Fahrrads, da nur der Kaufvertrag, nicht aber die Übereignung angefochten wurde. C könnte das Eigentum durch die Übereignung von B an D verloren haben. B war aber Nichtberechtigter. D kann also nur gutgläubig das Eigentum nach § 934 erworben haben. B war hier nicht mittelbarer Besitzer gemäß § 934 Alt. 1. Alt. D erwirbt das Eigentum daher erst dann gutgläubig gemäß §§ 929 S. 1, 931, 934 2. Alt., wenn er den Besitz am Fahrrad von C erlangt.

Da der gutgläubige Erwerb bei § 934 2. Alt. sich schon durch die Besitzerlangung rechtfertigt, reicht sogar die Abtretung eines nur behaupteten Herausgabeanspruchs aus. Erlangt der Erwerber den mittelbaren Besitz an der Sache, besteht aber noch ein Besitzmittlungsverhältnis mit einem Dritten, so ist umstritten, ob dadurch sog. *Nebenbesitz* entsteht und ob dies für § 934 2. Alt. ausreicht. Die überwiegende Ansicht lehnt die Figur des Nebenbesitzes ab. Mit der Begründung eines neuen Besitzmittlungsverhältnisses erlösche das bisherige.

Beispiel 9: E lagert bei L ein Klavier ein (§§ 688, 868). E verkauft das Klavier an K, übereignet es ihm jedoch noch nicht. K übereignet das Klavier an den gutgläubigen G unter Abtretung „seiner Herausgabeansprüche" gegen L. Daraufhin schließen auch G und L einen Verwahrungsvertrag (§§ 688, 868) ab. Hat G das Eigentum an dem Klavier erlangt?

Lösung: Ursprünglich war E Eigentümer. E könnte sein Eigentum aber durch die Übereignung von K an G verloren haben. K und G haben sich dinglich über den Eigentumsübergang an dem Klavier geeinigt. Es wurde die Abtretung des angeblich gegen L bestehenden Herausgabeanspruchs (§ 870) vereinbart. Dies ist i. R. d. § 934 2. Alt. ausreichend. Ferner müsste G vom „Dritten" L den *Besitz erlangt* haben. G und L haben einen Verwahrungsvertrag abgeschlossen. Hierdurch könnte G den *mittelbaren Besitz* erlangt haben. Der Lagervertrag zwischen L und E besteht jedoch fort.

1) Teilweise wird davon ausgegangen, dass mit dem doppeldeutigen Verhalten des L Nebenbesitz entstehe, der aber für den Erwerb i. R. d. § 934 2. Alt. nicht ausreiche.

2) Die überwiegende Ansicht geht jedoch davon aus, dass das Gesetz einen Nebenbesitz nicht kennt. Durch den Abschluss des Lagervertrages mit G hat L den Willen geäußert, für G zu besitzen. Das Besitzmittlungsverhältnis des L zu E ist damit erloschen. G war ferner gutgläubig. Demnach hat G das Eigentum an dem Klavier gemäß § 929 S. 1, 931, 934 2. Alt. erworben.

III. Der gute Glaube

Der Erwerber ist nur schutzwürdig, wenn er im *guten Glauben* ist.

Nach **§ 932 II** ist der Erwerber **nicht in gutem Glauben**, wenn ihm bekannt oder infolge grober Fahrlässigkeit unbekannt ist, dass die Sache nicht dem Veräußerer gehört.

Die Gutgläubigkeit muss im Zeitpunkt der Vollendung des Rechtserwerbs vorliegen, also in dem Zeitpunkt, in dem der letzte Erwerbsakt des jeweiligen Tatbestandes (§ 932, 933, 934) vorgenommen wird. Dieser Zeitpunkt ist bei § 932 I die Übergabe, bei § 932 I 2 in der Regel die Einigung, bei § 933 die Übergabe, bei § 934 1. Alt. die Abtretung und bei § 934 2. Alt. die Besitzerlangung.

Grobfahrlässige Unkenntnis (§ 932 II) liegt vor, wenn die im Verkehr erforderliche Sorgfalt in ungewöhnlich hohem Maße verletzt und das unbeachtet gelassen wird, was im gegebenen Fall jedem einleuchten müsste. Eine allgemeine Nachforschungspflicht besteht aber grundsätzlich nicht.

Beispiel 10: Verkauft V dem K ein Auto, so handelt K grob fahrlässig, wenn er sich neben dem KFZ-Schein nicht auch den KFZ-Brief vorlegen lässt, aus dem hervorgeht, wer der Eigentümer des Fahrzeugs ist[1].

Handelt bei der Einigung ein **Vertreter** des Erwerbers, so kommt es nach **§ 166 I** auf die Gutgläubigkeit des Vertreters an. §§ 932 ff. schützen nur den guten Glauben an das *Eigentum* („dem Veräußerer gehört"), jedoch nicht den guten Glauben an die **Verfügungsbefugnis** des Veräußerers.

Beispiel 11: E hat dem F ein Buch geliehen. F verkauft es an X. X weiß zwar, dass das Buch E gehört, er meint aber, E habe den F ermächtigt, das Buch an ihn zu veräußern. Hat X gutgläubig das Eigentum an dem Buch erlangt?

Lösung: Der gute Glaube an die Verfügungsbefugnis (§ 185 I) des F ist nicht geschützt. Ein gutgläubiger Erwerb durch X ist daher nicht möglich.

---

[1] Die im Fahrzeugbrief amtlich eingetragenen Personalien bezeichnen die natürliche oder juristische Person, die über das Kraftfahrzeug verfügungsberechtigt ist. Der Fahrzeug*brief* sichert – anders als der Fahrzeug*schein* - das Eigentum.
Der Fahrzeugbrief wird seit Oktober 2005 aufgrund der Umsetzung einer EG-Richtlinie als *Zulassungsbescheinigung Teil II* bezeichnet, der Fahrzeugschein als *Zulassungsbescheinigung Teil I.*

Eine Ausnahme von dem Grundsatz, dass der gute Glaube sich auf das Eigentum beziehen muss, stellt **§ 366 HGB** dar. Sofern ein Kaufmann im Betriebe seines Handelsgewerbes eine ihm nicht gehörige Sache veräußert oder verpfändet, ist auch der gute Glaube an die *Verfügungsbefugnis* des Kaufmanns geschützt.

Beispiel 13: Waschmaschinenhändler V verkauft und übereignet dem K eine Waschmaschine. V weist den K dabei darauf hin, dass diese Kommissionsware sei, die dem E gehöre. Er sei aber von E ermächtigt (§ 185 I), die Waschmaschine im eigenen Namen weiterzuveräußern. E hat die Ermächtigung jedoch in Wirklichkeit vorher widerrufen. Hat K Eigentum erworben?

Lösung: Die Einigung und die Übergabe gemäß § 929 S. 1 liegen vor. Die Ermächtigung nach § 185 I war widerrufen worden, so dass die Verfügung eines Nichtberechtigten vorlag. Möglicherweise hat K jedoch gutgläubig nach §§ 929 S. 1, 932 BGB, § 366 I HGB Eigentum an der Waschmaschine erworben. Es liegt ein Rechtsgeschäft i. S. eines Verkehrsgeschäfts vor. Die Übergabe auf K ist erfolgt. Ferner müsste K gutgläubig gewesen sein. K wusste, dass die Waschmaschine nicht im Eigentum des V stand. Eine Gutgläubigkeit nach § 932 scheidet daher aus. § 366 erweitert jedoch den Anwendungsbereich der §§ 932 ff. Der gute Glaube an die Verfügungsbefugnis des Veräußernden reicht aus. K war gutgläubig im Hinblick auf die Befugnis des V nach § 185 I. V hat die Waschmaschine als Kaufmann (§ 1 HGB) im Betriebe seines Handelsgewerbes veräußert. K hat somit nach §§ 929 S. 1, 932 BGB, 366 HGB Eigentum an der Waschmaschine erworben.

Ferner gelten die §§ 932 ff. nicht unmittelbar für den Fall, dass der Veräußernde zwar Eigentümer, aber nicht verfügungsbefugt ist. Zu unterscheiden sind *relative* und *absolute Verfügungsverbote*.

1) Die **relativen Verfügungsverbote** (§ 135 II, § 136, § 161 III, § 2113 III, § 2129 II, § 2211 II BGB; § 23 I 1, II ZVG) dienen nur dem Schutz bestimmter Personen. Die einem relativen Veräußerungsverbot unterliegende Verfügung ist nur gegenüber der geschützten Person – relativ – unwirksam. Die relative Unwirksamkeit kann bei entsprechendem gesetzlichem Verweis über die Vorschriften des gutgläubigen Erwerbs überwunden werden.

2) Absolute Verfügungsverbote hingegen (§§ 1365, 1369, BGB; § 81 I 1 InsO) dienen dem Schutz überragender Interessen der Allgemeinheit und wirken gegenüber Jedermann. Verfügungen, die einem absoluten Verfügungsverbot unterliegen, können *nicht* über die Vorschriften des gutgläubigen Erwerbs überwunden werden.

Ist der Veräußerer verfügungsbefugter Eigentümer im Hinblick auf die Sache, ist das Eigentum jedoch mit dem *Recht eines Dritten* belastet, so kann der Erwerber nach § 936 *gutgläubig lastenfreies Eigentum* (also ohne die Belastung mit dem Recht des Dritten) erwerben. § 936 setzt voraus, dass der Erwerber dieselbe besitzrechtliche Position erhält wie bei einem Erwerb vom Nichtberechtigten nach §§ 932-934. Ferner muss er bezüglich der Lastenfreiheit gutgläubig sein, § 936 II.

Beispiel 14: Mieter M, der bei Vermieter V Mietrückstände zu begleichen hat, veräußert aus Geldnöten sein in der Wohnung befindliches Bild „Sonnenblume" an X. Hat der gutgläubige X das Bild lastenfrei erworben?

Lösung: X hat nach § 929 S. 1 Eigentum an dem Bild erlangt. Dies war allerdings mit dem Vermieterpfandrecht (§ 562) des V belastet. X hat jedoch unbelastetes Eigentum nach § 936 I gutgläubig erworben.

Eine besondere Art des gutgläubigen Erwerbs stellt der Erwerb vom Nichteigentümer kraft eines **Erbscheins** dar. Nach § 2365 erstreckt sich die Vermutung des Erbscheins darauf, dass derjenige, der im Erbschein als Erbe bezeichnet ist, auch wirklich Erbe ist und dass das Erbrecht nicht durch nicht angegebene Anordnungen (z. B. Nacherbfolgen, Testamentsvollstreckungen) beschränkt ist. Nach § 2366 gilt der Inhalt des Erbscheins als richtig, wenn ein gutgläubiger Dritter vom Erbscheinsinhaber einen Erbschaftsgegenstand durch Rechtsgeschäft erwirbt. Das Gleiche gilt für andere Verfügungsgeschäfte über Nachlassgegenstände.

Beispiel 15: Erblasser E hinterlässt eine chinesische Blumenvase. A ist im Erbschein als Erbe bezeichnet, obwohl in Wirklichkeit B Erbe ist. A veräußert die Vase unter Vorlage des Erbscheins an X. Ist X Eigentümer geworden?

Lösung: X hat nach § 2366 i. V. m. § 929 S. 1 das Eigentum an der Vase erworben, weil er gutgläubig im Hinblick auf das im Erbschein ausgewiesene Erbrecht des A war.

Beispiel 16: Wird X auch Eigentümer, wenn der Erblasser E sich die Vase von Y geliehen hatte und daher nicht Eigentümer der Vase war?

Lösung: § 2366 überwindet die fehlende Erbenstellung des A. §§ 929 S. 1, 932 überwinden das fehlende Eigentum. X kann daher gemäß §§ 2366 i. V. m. §§ 929, 932 gutgläubig das Eigentum an der Vase erwerben.

IV. Kein Abhandenkommen

§ 935 I schließt den gutgläubigen Erwerb von abhanden gekommenen Sachen aus.

> **Abhanden gekommen** ist eine Sache, wenn der Eigentümer unfreiwillig den unmittelbaren Besitz an der Sache verloren hat.

Erforderlich ist der Besitzverlust *ohne*, nicht notwendigerweise *gegen* den Willen des Eigentümers. Unterfälle des Abhandenkommens sind nach der Gesetzesfassung der Diebstahl und der Verlust der Sache. Es kommt auf den rein tatsächlichen Willen an, den auch nicht voll Geschäftsfähige haben können. Wenn eine Sache einmal abhanden gekommen ist, ist ein gutgläubiger Erwerb grds. ausgeschlossen.

Beispiel 17: E ist Eigentümer eines Bonsai-Baumes. A stiehlt das Bäumchen und übereignet es an B. B wiederum an C und C an D. Auch wenn B, C und D gutgläubig sind, ist ein Erwerb nach §§ 932 ff. wegen § 935 I nicht möglich. E ist Eigentümer geblieben und kann von D Herausgabe des Bonsais nach § 985 verlangen.

Ist der Eigentümer nur *mittelbarer Besitzer* der Sache, so kommt es darauf an, dass die Sache dem unmittelbaren Besitzer ohne dessen Willen entzogen worden ist (§ 935 I S. 2). Übt der Eigentümer den unmittelbaren Besitz durch einen **Besitzdiener** aus, so liegt auch bei freiwilliger Besitzaufgabe durch den Besitzdiener ein Abhandenkommen vor, wenn die Besitzaufgabe sich *ohne den Willen des Eigentümers* vollzieht.

Der **Erbenbesitz** nach § 857 ist im Rahmen des § 935 I als vollwertiger Besitz anzusehen, obwohl der Erbe noch gar keine tatsächliche Sachherrschaft ergriffen haben muss, vgl. § 857. Wird ein Nachlassgegenstand ohne den Willen des Erben veräußert, so ist auch hierin ein „Abhandenkommen" zu sehen.

Beispiel 18: Erblasser E hinterlässt eine Standuhr. A erbt (§ 1922). Der Nichterbe B veräußert die Standuhr an den gutgläubigen C. Nach § 857 ist der Besitz auf A übergegangen. Die Übereignung durch B geschah ohne den Willen des A, so dass ein Abhandenkommen i. S. d. § 935 I vorliegt. Ein gutgläubiger Erwerb nach §§ 932 ff. ist somit ausgeschlossen.

Der gute Glaube an den Erbschein kann den § 935 überwinden. Wer nämlich im Erbschein als Erbe ausgewiesen ist, für den gilt auch die Vermutung, dass auf ihn der unmittelbare Besitz nach § 857 übergegangen ist.

Beispiel 19: Wie Beispiel 18. Jedoch war B durch einen Erbschein (§ 2365) als Erbe ausgewiesen. Für den gutgläubigen C gilt B als Erbe und damit als Eigentümer der Standuhr. Ferner gilt zugunsten des C der B als Besitzer, so dass die Standuhr nicht nach § 935 I abhanden gekommen ist und C diese gutgläubig (§ 2366) erworben hat.

Auch der gute Glaube an den Erbschein hilft jedoch nicht weiter, wenn der Erbschaftsgegenstand schon vor der Erbschaft abhanden gekommen war.

Beispiel 20: Erblasser E hinterlässt eine Mokkatasse. Diese war gestohlen. A erbt. B wird aber ein Erbschein erteilt. B veräußert die Vase unter Vorlage des Erbscheins an den gutgläubigen C. Hat C Eigentum erworben?

Lösung: § 2366 überwindet die mangelnde Erbenstellung des B. Jedoch könnte C, auch wenn B Erbe wäre, nicht gutgläubig Eigentum erwerben (§ 935 I). Hier hilft § 2366 also nicht weiter.

Nach **§ 935 II** sind einige Sachen von der Regelung des § 935 I ausgenommen. Hierzu gehören Geld und Inhaberpapiere und die im Wege öffentlicher Versteigerung (§ 383 III) oder in einer Versteigerung nach § 979 Absatz 1a (Internetversteigerung) veräußerten Sachen.

Geld sind alle staatlichen oder staatlich anerkannten Zahlungsmittel. Inhaberpapiere sind Wertpapiere, bei denen das im Papier bekundete Recht dem Eigentümer des Papiers zusteht, also z. B. Inhaberaktien (§ 10 I AktG) und Schuldverschreibungen (§ 793). Der Gesetzgeber hat die reibungslose Umlauffähigkeit dieser Güter als so bedeutsam angesehen, dass sie ohne Rücksicht auf eine freiwillige Weggabe durch den Eigentümer gutgläubig erworben werden sollen. Außerdem dürften sich gerade bei Geld Beweisprobleme in Bezug auf einen redlichen Vorerwerb ergeben.

Beispiel 21: D stielt dem E 20 Briefmarken zu je 0,85 Euro und verkauft sie an den gutgläubigen B. Hat B Eigentum erworben?

Lösung: An gestohlenen Sachen kann normalerweise wegen § 935 I kein Eigentum erworben werden. Etwas anderes gilt jedoch für gültige Briefmarken, die als Ersatzmittel für „Geld" i.S.d. § 935 II anzusehen sind. B hat also gutgläubig gemäß §§ 929 S. 1, 932 I Eigentum an den Briefmarken erworben.

▶ Literatur zu dieser Lektion

📖 Früh, **JuS** 1995, 221 (Eigentum und Besitz)

📖 Lenenbach, **Jura** 1997, 653 (Klausur)

Lektion 11: Eigentumserwerb d. Gesetz o. Hoheitsakt

Eigentum an einer beweglichen Sache kann nicht nur durch Rechtsgeschäft, sondern auch *kraft Gesetzes* oder *Hoheitsakts* erworben werden. Der Grund für die Anordnung eines ohne den Willen der Beteiligten eintretenden Eigentumserwerbs ist darin zu sehen, dass im Interesse der Rechtssicherheit und Rechtsklarheit eindeutige Eigentumsverhältnisse gegeben sein sollen.

I. Verbindung und Vermischung, §§ 946-948

Die Vorschriften über die Verbindung, die Vermischung und die Verarbeitung dienen der Neuordnung der Eigentumsverhältnisse, wenn eine Sache infolge bestimmter Vorgänge ihre selbständige Existenz verliert.

1. Verbindung bewegl. Sachen mit Grundstück, § 946

Wird eine bewegliche Sache dergestalt mit einem Grundstück verbunden, dass sie *wesentlicher Bestandteil* des Grundstücks wird, so wird der Eigentümer des Grundstücks auch Eigentümer der beweglichen Sache, § 946. § 946 will die Zerschlagung einer durch Verbindung neu entstandenen wirtschaftlichen Einheit verhindern. Regelmäßig wird das Grundstück von höherem Wert sein als die bewegliche Sache, so dass der Erwerb zu Gunsten des Grundstückseigentümers sinnvoll ist.

Die Verbindung ist ein Realakt, daher ist es unerheblich, ob sie von einem Geschäftsfähigen vorgenommen wird. Was ein wesentlicher Bestandteil ist, ergibt sich aus §§ 93-95: Die bewegliche Sache muss Teil einer einheitlichen Sache (Bestandteil) sein und eine Trennung muss wegen Zerstörung oder Wesensänderung unmöglich sein, § 93. § 93 dient der Erhaltung der wirtschaftlichen Einheit. Die nutzlose Zerstörung wirtschaftlicher Werte soll verhindert werden.

Bei Grundstücken zählen auch die mit dem Grundstück *fest verbundenen Sachen* (§ 94 I) sowie die *zur Herstellung eines Gebäudes eingefügten Sachen* (§ 94 II) zu den wesentlichen Bestandteilen.

Zur Herstellung eingefügt sind die Sachen, ohne die das Gebäude nach der Verkehrsauffassung noch nicht fertiggestellt ist. Nach § 95 gehören die nur zu einem *vorübergehenden Zweck* eingefügten Sachen nicht zu den wesentlichen Bestandteilen (sog. Scheinbestandteil).

Beispiel 1: Eine Badewanne stellt eine zur Herstellung des Gebäudes eingefügte Sache dar und ist damit nach § 94 II wesentlicher Bestandteil des Gebäudes. Durch § 94 I ist sie, weil sie zum „Gebäude" gehört, wiederum auch wesentlicher Bestandteil des Grundstücks. Nach § 946 erwirbt der Grundstücks- und Gebäudeeigentümer mit dem Einbau das Eigentum an der einem anderen gehörenden Badewanne.

Beispiel 2: M ist Mieter des Grundstücks des E. E gestattet M die Errichtung eines Geräteschuppens. M verpflichtet sich, diesen nach Ablauf der Mietzeit zu beseitigen. Nach § 95 I S. 1 ist der Geräteschuppen kein wesentlicher Bestandteil des Grundstücks geworden, weil er nur *vorübergehend* mit dem Grundstück verbunden wurde. M bleibt Eigentümer des Geräteschuppens.

2. Verbindung beweglicher Sachen, § 947

Werden mehrere bewegliche Sachen in der Weise miteinander verbunden, dass sie *wesentlicher Bestandteil einer einheitlichen Sache* werden, so werden die Eigentümer der Sachen zu Miteigentümern, § 947 I. Es entsteht Bruchteilseigentum (§§ 1008 ff., 741 ff.). Ist jedoch eine Sache als *Hauptsache* anzusehen, erwirbt der Eigentümer dieser Sache das Alleineigentum, § 947 II. Die Definition eines „wesentlichen Bestandteils" ergibt sich wiederum aus §§ 93-95.

Beispiel 3: Das Lackieren eines Stuhles stellt eine Verbindung beweglicher Sachen nach § 947 I dar. Ferner das Einbinden eines Buches, sofern nicht der Einband sehr viel geringwertiger ist als das Buch, denn dann ist das Buch nach § 947 II als Hauptsache anzusehen.

3. Vermischung, § 948

Werden bewegliche Sachen miteinander untrennbar vermischt (Flüssigkeiten und Gase) oder vermengt (feste Körper), so gilt für die Eigentumsverhältnisse gemäß § 948 I
dasselbe wie bei der Verbindung beweglicher Sachen: Es
entseht grds. Miteigentum. Als untrennbar gilt eine Vermischung, deren Trennung mit unverhältnismäßigen Kosten verbunden wäre, § 948 II.

Beispiel 4: Ein Heizöllieferant füllt das gelieferte Heizöl in den Tank des
Kunden, der noch halb mit Öl gefüllt ist; Bauer B lagert bei Bauer A Getreide ein, indem er eine Ladung in den Speicher des A bringt, wo es sich
mit dem Getreide des A vermischt. Hier entsteht jeweils Miteigentum nach
§ 948 I.

Erlischt nach §§ 946-948 das Eigentum an einer Sache, so
erlöschen auch die an ihr bestehenden dinglichen Rechte,
§ 949 S. 1. Wird der Eigentümer der belasteten Sache Al-
leineigentümer, so erstreckt sich die Belastung auf die hinzu-
tretende Sache, § 949 S. 3. Somit beziehen sich die be-
schränkten dinglichen Rechte am Grundstück nach einer
Verbindung gemäß § 946 auf die verbundene Sache.

II. Verarbeitung, § 950

Wer durch *Verarbeitung* oder *Umbildung* eines fremden Stoffes eine neue bewegliche Sache herstellt, erwirbt das Eigentum an der neuen Sache, es sei denn, der Wert der Verarbeitung oder Umbildung ist erheblich geringer als der des
Stoffes, § 950 I 1. Es muss also eine *neue Sache* hergestellt
werden. Dies beurteilt sich nach der Verkehrsauffassung
unter Berücksichtigung wirtschaftlicher Gesichtspunkte.

Beispiel 5: Aus Stoffen werden Anzüge hergestellt; aus Holz wird eine
Kiste hergestellt; aus Mehl wird ein Brot gebacken.

Die neue Sache muss aus einem Produktionsvorgang, der Verarbeitung oder der Umbildung, hervorgegangen sein. Als Verarbeitung gilt auch das Schreiben, Zeichnen, Malen, Drucken, Gravieren oder eine ähnliche Bearbeitung der Oberfläche, § 950 I 2. Der Wert der Verarbeitung darf nicht erheblich geringer sein als der Stoffwert. Es ist ein Vergleich des Wertes der neuen Sache (inklusive Arbeitsaufwand und sonstigem Material) mit dem Wert des verarbeiteten Ausgangsstoffes vorzunehmen. Nach dem BGH stellt ein Verhältnis von 100:60 von Stoffwert zu Verarbeitungswert einen erheblich geringeren Verarbeitungswert dar.

Der **Hersteller** erwirbt das Eigentum an der neuen Sache. Hersteller ist derjenige, in dessen Namen und wirtschaftlichem Interesse die Herstellung erfolgt, d.h. wem nach der Verkehrsauffassung die Herstellung zuzurechnen ist. Damit ist die Vorschrift des § 950 Ausdruck unserer arbeitsteiligen Wirtschaftsordnung. Auch wenn Dritte (z.B. Arbeiter) am Produktionsprozess beteiligt sind, soll nur der „Geschäftsherr" Eigentum erwerben. Fraglich ist, ob durch Parteivereinbarung bestimmt werden kann, wer „Hersteller" i. S. d. § 950 ist, sog. **Verarbeitungsklausel.**

1) Nach einer in der **Literatur** vertretenen Ansicht ist eine Parteivereinbarung bzgl. des „Herstellers" nicht zulässig. Der Hersteller sei unter Zugrundelegung objektiver Kriterien zu ermitteln. Eine Parteivereinbarung hierüber widerspreche der Zuordnungsfunktion des § 950. Ferner diene die Vorschrift auch dem Schutz der Gläubiger des Verarbeiters und der Verkehrsinteressen allgemein. § 950 erfülle zudem eine Publizitätsfunktion und sei daher nicht abdingbar.

2) Die **Rechtsprechung** und ein Teil der Literatur sehen die Parteivereinbarung über die Herstellereigenschaft als zulässig an. Der zwischen Verarbeiter und Stofflieferant bestehende Interessenskonflikt bestehe nicht mehr, wenn er bereits individualvertraglich gelöst wurde. § 950 sei abdingbar.

3) Stellungnahme: Die Systematik (auch §§ 946, 947 sind unabdingbar) und die von § 950 zu erfüllende Publizitätsfunktion sprechen für die erste Ansicht. Der Begriff des „Herstellers" ist somit nicht abdingbar. In einer Absprache im Hinblick auf die Herstellereigenschaft kann jedoch unter Umständen eine antizipierte Einigung und ein antizipiertes Besitzkonstitut gesehen werden. Ein von § 950 abweichender Eigentumserwerb kann also durch Rechtsgeschäft eintreten.

Beispiel 6: V verarbeitet Stoff des Lieferanten L zu einem Kleid. Beide vereinbaren, dass L als „Hersteller" i.s.d. § 950 gilt, d.h. sein Eigentum bis zur vollständigen Bezahlung des Stoffes erhalten soll und auch nicht durch Verarbeitung untergehen soll. - Geht man mit der Literatur davon aus, dass § 950 nicht abdingbar ist, so ist V entgegen der Vereinbarung wegen § 950 durch die Verarbeitung des Stoffes Eigentümer geworden. Jedoch ergibt der Parteiwille (§§ 133, 157) dass V und L antizipiert eine Einigung nach §§ 929 S. 1, 930 getroffen haben, die auf den Eigentumserwerb des V gemäß § 950 eine juristische Sekunde später den Eigentumserwerb des L folgen lässt.

Teilweise werden für den *Werkunternehmer* besondere Regeln aufgestellt. Aus § 647 – der Unternehmer erwirbt ein Pfandrecht an den von ihm hergestellten Sachen, vgl. Lektion 15 – ergebe sich im Umkehrschluss, dass der Werkunternehmer kein Eigentum nach § 950 an diesen Sachen erwerbe. § 647 würde § 950 also ausschließen. Andere lassen die Regelung des § 647 nur dann eingreifen, wenn der Werkunternehmer kein Eigentum nach § 950 erlangt hat.

Beispiel 7: A kauft in einem Geschäft 3 Meter Stoff, den sie zu U gibt, um sich ein Kleid schneidern zu lassen. Trotz der Verarbeitung des Stoffes erwirbt U nach der ersten Ansicht kein Eigentum, da § 647 den § 950 ausschließt. U erhält nur ein Pfandrecht (§ 647). Nach der zweiten Ansicht erwirbt U das Eigentum nach § 950.

III. Entschädigung für Eigentumsverlust, § 951

Derjenige, der infolge der Vorschriften der §§ 946 bis 950 das Eigentum an seiner Sache verliert, muss diesen Verlust nicht entschädigungslos hinnehmen. Nach § 951 I besteht ein Entschädigungsanspruch nach Bereicherungsrecht. Die Wiederherstellung des früheren Zustands kann nicht verlangt werden, § 951 I S. 2. § 951 I stellt eine *Rechtsgrundverweisung* dar, es müssen also die Voraussetzungen eines Bereicherungsanspruchs vorliegen.

Die *Eingriffskondiktion* (§ 812 I 1, 2. Alt.) setzt einen Rechtsverlust des Anspruchsstellers und die Erlangung des Eigentums durch den Anspruchsgegner nach §§ 946-950 ohne Rechtsgrund voraus. Die *Eingriffskondiktion* ist aber ausgeschlossen, wenn eine Leistung (§ 812 I 1, 1. Alt.) vorliegt, sog. *Vorrang der Leistungskondiktion.* Grund: Jeder soll sich an seinen Vertragspartner halten, da dieser selbst ausgesucht wurde. Wichtig ist dies insbesondere wegen des *Insolvenzrisikos.*

Beispiel 8: Bauunternehmer U baut aufgrund eines Werkvertrages Betonteile auf dem Grundstück des E ein. Diese Teile hat Lieferant L unter Eigentumsvorbehalt an U geliefert. L verliert durch den Einbau sein Eigentum nach § 946. U wird insolvent, so dass L von ihm kein Geld mehr zu erwarten hat. Kann L nun stattdessen von E Geld für die Betonteile aus § 951 verlangen?

Lösung

I. Zwischen L und E bestand keine Leistungsbeziehung, so dass eine Leistungskondiktion nach §§ 951, 812 I 1, 1. Alt ausscheidet.

II. Möglich erscheint ein Erwerb „in sonstiger Weise" (Eingriffskondiktion, §§ 951, 812 I 1, 2. Alt.). Eine Eingriffskondiktion ist aber grds. ausgeschlossen, wenn eine vorrangige Leistungsbeziehung zwischen U und E vorliegt. Zu diskutieren ist also, ob eine *Leistung* des U an E gegeben ist. „Leistung" ist die bewusste, zweckgerichtete Vermehrung fremden Vermögens.
1) Gegen eine solche Leistung könnte sprechen, dass das Eigentum auf E *kraft Gesetzes* (§ 946) und nicht kraft Rechtsgeschäfts übergegangen ist. U hat daher nicht bewusst und zweckgerichtet das Vermögen des E vermehrt.
2) Dem Einbau liegt aber ein Werkvertrag zugrunde. U hat bewusst und zweckgerichtet geleistet, um seine werkvertraglichen Pflichten zu erfüllen. Daher ist insbesondere nach der *Rechtsprechung* eine „Leistung" des U gegeben und die Leistungskondiktion hier vorrangig. L hat daher gegen E

keinen Anspruch aus Eingriffskondiktion nach § 951 I i. V. m. § 812 I 1, 2. Alt.

Nach § 951 II 2 steht dem nach § 951 I Anspruchsberechtigten zudem ein *Wegnahmerecht* zu.

IV. Erzeugnisse und Bestandteile, §§ 953 ff.

Mit der Abtrennung von der Muttersache werden *Erzeugnisse* und *Bestandteile* selbständige Sachen und können ab diesem Zeitpunkt Gegenstand selbständiger Rechte sein. §§ 953-957 regeln, wem das Eigentum an ihnen zusteht. §§ 953-957 entscheiden aber nur über die (vorläufige) dingliche Zuordnung der Erzeugnisse und Bestandteile. Das *endgültige Behaltendürfen* regeln vertragliche Absprachen, spezielle Ausgleichsnormen (§§ 1039, 1421 f., 2133), die Vorschriften des EBV (§§ 987 ff.) und § 101.

Nach dem Grundsatz des § 953 bleibt bei der Trennung von Bestandteilen die bisher an der Sache bestehende Eigentumslage aufrechterhalten. Es gilt also der Grundsatz der Rechtskontinuität. In der Regel wird damit der Eigentümer der Hauptsache auch Eigentümer der abgetrennten Sache.

Beispiel 9: Wird aus einem Buch eine Seite ausgerissen, wird diese zur selbstständigen Sache. Der Eigentümer des Buches ist auch der Eigentümer der Seite.

§§ 953 ff. sind nach einer Art Schachtelprinzip aufgebaut. Der Eigentumserwerb nach § 953 tritt nur ein, wenn sich aus §§ 954-957 *nichts anderes ergibt*. Nach § 954 wird derjenige, der kraft eines dinglichen Rechts zur Fruchtziehung berechtigt ist (Nießbraucher, Erbbauberechtigter, Nutzungspfandgläubiger), mit der Trennung Eigentümer von Erzeugnissen und Bestandteilen. Auf eine Besitzergreifung kommt es nicht an. Unerheblich ist, wer die Trennung vornimmt.

Beispiel 10: Nießbraucher N schlägt im Wald des E Holz. N wird Eigentümer des Holzes.

Nach § 955 I erwirbt der *gutgläubige Eigenbesitzer* und der gutgläubige, aufgrund eines vermeintlichen Nutzungsrechts Besitzende (§ 955 II) das Eigentum an den Erzeugnissen und sonstigen Bestandteilen mit der Trennung. Der Besitz muss zumindest als mittelbarer im Zeitpunkt der Trennung vorhanden sein.

Beispiel 11: E erwirbt ein Grundstück mit Obstbäumen. Die Auflassung ist nichtig, so dass E nicht Eigentümer des Grundstücks geworden ist. Dies weiß E aber nicht. Daher wird E als gutgläubiger Eigenbesitzer Eigentümer der an den Obstbäumen wachsenden Früchte, wenn sie geerntet (getrennt) werden.

Beispiel 12: A kauft von B gutgläubig eine Kuh und ein Huhn. Beide Tiere hat der D dem E gestohlen. Die Kuh bekommt ein Kälbchen, das Huhn legt ein Ei. Wem gehört das Kälbchen und das Ei?

Lösung: A war wegen § 935 I nicht Eigentümer der Tiere. Eigentümer war der E. E könnte gemäß § 953 Eigentümer des Kälbchens und des Eis geworden sein. Dies gilt jedoch nur, soweit sich nicht aus den §§ 954 bis 957 ein anderes ergibt. Hier könnte § 955 dem § 953 vorgehen, so dass A Eigentum am Kälbchen und am Ei erworben haben könnte. Liegen die Voraussetzungen des § 955 vor? A war Eigenbesitzer, da er die Tiere als ihm gehörig (§ 872) besessen hat, § 955 I 1. War der Erwerb ausgeschlossen gemäß § 955 I 2? A hat weder beim Besitzerwerb noch vor der Trennung (Geburt bzw. Eierlegen) von seinem fehlenden Besitzrecht erfahren. Er hat daher das Eigentum am Kälbchen und am Ei, die beide Erzeugnisse sind, erworben.

Nach einer Mindermeinung soll ein Eigentumserwerb gemäß § 955 I wegen § 935 analog allerdings nicht eintreten, wenn die Muttersache (Kuh, Huhn) gestohlen war und das Erzeugnis schon in der Muttersache angelegt war, also mitgestohlen worden ist. Diese Ansicht führt aber zu Rechtsunsicherheit, weil es schwer nachprüfbar sein dürfte, wann eine Befruchtung etc. stattgefunden hat.

Gestattet der Eigentümer (§ 956 I) oder eine nach §§ 954, 955 aneignungsberechtigte Person (§ 956 II) einem anderen die Aneignung der Erzeugnisse oder sonstigen Bestandteile, so erwirbt dieser mit der Trennung das Eigentum, wenn er im Besitz der Hauptsache ist. Andernfalls tritt der Eigentumserwerb mit Besitzergreifung der Erzeugnisse oder Bestandteile ein.

Beispiel 13: M schließt mit Eigentümer E einen Mietvertrag über ein Grundstück mit Garten. E gestattet dem M, die Obstbäume zu ernten. M erwirbt das Eigentum am Obst nach § 956 I.

Nach § 957 gilt die Regelung des § 956 auch dann, wenn der die Aneignung Gestattende hierzu *nicht berechtigt* war. Erforderlich ist jedoch, dass der Gestattungsempfänger im *Zeitpunkt der Besitzüberlassung* der Muttersache hinsichtlich der Gestattungsbefugnis *gutgläubig* war. Bei nicht erfolgter Besitzüberlassung muss er im *Zeitpunkt der Besitzergreifung der Erzeugnisse* oder sonstigen Bestandteile gutgläubig gewesen sein im Hinblick auf die Gestattungsberechtigung. Ferner ist Besitz des Gestattenden als Vertrauensgrundlage für einen gutgläubigen Erwerb erforderlich.

Beispiel 14: Wie Beispiel 13, aber nicht E, sondern X ist Eigentümer des Grundstücks. E hatte das Grundstück im Besitz, M war gutgläubig im Hinblick auf die Gestattungsberechtigung. M hat das Eigentum am Obst gemäß § 957 erworben.

V. Ersitzung, §§ 937 ff.

Wer eine bewegliche Sache *zehn Jahre im Eigenbesitz* gehabt hat, erwirbt das Eigentum an ihr (§ 937 I). Er muss allerdings *gutgläubig* im Hinblick auf sein Eigentumsrecht gewesen sein, § 937 II. Die Ersitzung ist auch bei gestohlenen und abhanden gekommenen Sachen möglich, § 935 gilt also nicht.

Streitig ist, ob der Eigentumserwerb nach § 937 endgültig ist oder ob der Erwerber Herausgabeansprüche nach §§ 812 ff. fürchten muss. Eine nur vorübergehende Regelung der Eigentumsverhältnisse infolge Ersitzung wäre jedoch sinnlos. Ferner ist auch im Wege der Schuldrechtsmodernisierung die bisher für das Bereicherungsrecht geltende Verjährung von 30 Jahren auf maximal zehn Jahre (§ 199 IV) gesunken. Die bisher existierende Diskrepanz zwischen Ansprüchen gegen den Ersitzenden (nach 10 Jahren hat er „Ruhe") und gegen einen sonstigen, unentgeltlich von einem Nichtberechtigten Erwerbenden (bisher hatte er erst nach 30 Jahren „Ruhe") ist damit aufgehoben. § 937 ist somit als Rechtsgrund i. S. d. §§ 812 ff. und somit als endgültige Regelung der Eigentumsverhältnisse anzusehen.

VI. Herrenlose Sachen, §§ 958 ff.

Nach § 958 I erwirbt derjenige, der eine *herrenlose* (vgl. § 959) bewegliche Sache in Eigenbesitz nimmt, das Eigentum an der Sache. Erforderlich ist ein *Besitzerwerbswille*, der als natürlicher Wille keine Geschäftsfähigkeit erfordert. Ein Erwerb nach § 958 ist nicht möglich, wenn die Aneignung gesetzlich verboten ist oder wenn durch die Besitzergreifung das Aneignungsrecht eines anderen (z. B. § 1 BJagdG) verletzt wird, § 958 II.

VII. Fund, §§ 965 ff.

§§ 965 ff. regeln den Eigentumserwerb an *verlorenen*, d. h. besitzlosen (aber nicht herrenlosen) Sachen. Bei einer verlorenen Sache will der Eigentümer anders als bei einer herrenlosen nicht das Eigentum aufgeben. Nimmt der Finder die Sache an sich, entsteht ein gesetzliches Schuldverhältnis, aus dem sich GoA-ähnliche Rechte (Aufwendungsersatz, § 970) und Pflichten (Anzeigepflicht, § 965; Verwahrungspflicht, § 966) ergeben.

Nach § 973 I tritt mit Ablauf von sechs Monaten nach der Anzeige des Fundes der originäre Eigentumserwerb des Finders ein. Der Finder ist jedoch noch bis zu drei Jahren nach dem Eigentumserwerb einem Bereicherungsanspruch desjenigen, der einen Rechtsverlust erleidet ausgesetzt, § 977. Der Verkehrsfund (§§ 978 ff.) und der Schatzfund (§ 984) unterliegen besonderen Regeln.

VIII. Eigentumserwerb durch Zuschlag, § 90 ZVG

Nach **§ 90 I ZVG** tritt im Zwangsversteigerungsverfahren, welches beim Amtsgericht stattfindet, der Eigentumserwerb kraft staatlichen Hoheitsakts in Form des *Zuschlags* ein. Der Ersteher wird *Eigentümer des Grundstücks*. Zu dem Grundstück gehören – wie bereits gesehen – die nach § 93 (ggf. i. V. m. § 946) vorhandenen wesentlichen Bestandteile. Auch die nach § 94 I mit dem Grund und Boden fest verbundenen Sachen und die nach § 94 II zur Herstellung eines Gebäudes eingefügten Sachen als wesentliche Bestandteile gehören dazu. Der Ersteher eines Grundstücks erwirbt daher in vielen Fällen weit mehr also nur das Eigentum am Grundstück.

Ein Eigentumserwerb kraft Zuschlags kann außerdem nach **§ 90 II ZVG** an den Gegenständen eintreten, auf die sich die Versteigerung erstreckt hat. Dies sind nach **§ 55 I ZVG** alle Gegenstände, deren Beschlagnahme noch wirksam ist. Nach **§ 20 II ZVG** umfasst die Beschlagnahme auch diejenigen Gegenstände, auf welche sich bei Grundstücken die Hypothek erstreckt. Die Hypothek bei Grundstücken erstreckt sich nach **§ 1120 BGB** auch auf die vom Grundstück *getrennten Erzeugnisse* und *sonstigen Bestandteile* sowie auf das *Zubehör*, es sei denn, dieses ist nicht in das Eigentum des Grundstückseigentümers gelangt.

Beispiel 15: A betreibt ein großes Lager. Darin befindet sich auch sein Gabelstapler. A nimmt bei der Sparkasse S einen Kredit auf und lässt zur Sicherung des Darlehens eine Hypothek auf dem Lagergrundstück eintragen. Nachdem A das Darlehen nicht zurückgezahlt hat, wird das Grundstück zwangsversteigert. X erhält den Zuschlag. Wer ist Eigentümer des Gabelstaplers?

Lösung: Ursprünglich war A Eigentümer. Er hat sein Eigentum aber verloren, wenn X es erworben hat. X ist gemäß §§ 90 II, 55 I, 20 II ZVG, 1120 BGB Eigentümer des Gabelstaplers geworden, wenn dieser *Zubehör* des Grundstücks war. Der Gabelstapler war gemäß § 97 I dem wirtschaftlichen Zweck der Hauptsache (Lagergrundstück) zu dienen bestimmt und damit Zubehör. Also ist X nicht nur Eigentümer des Grundstücks, sondern auch des Gabelstaplers geworden.

Nach **§ 55 II ZVG** erstreckt sich die Versteigerung außerdem auf die *einem Dritten gehörenden* Zubehörstücke, wenn sie sich im Besitz des Schuldners oder des neu eingetretenen Eigentümers befinden, es sei denn, der Dritte hat die ihm an dem Zubehör zustehenden Rechte nach § 37 Nr. 5 ZVG geltend gemacht.

Umstritten ist, ob bei der Zwangsversteigerung eines Grundstücks mit Haus die sich im Haus befindende Einbauküche als *wesentlicher Bestandteil* des Grundstücks (§ 93 oder § 94 II) anzusehen ist oder ob die Küche wenigstens als *Zubehör* in den Haftungsverband nach §§ 90 II, 55 I, 20 II ZVG, 1120 BGB fällt.

Beispiel 16: E gerät in Geldnöte. Daher wird sein hypothekarisch gesichertes Grundstück mit Haus zwangsversteigert. In dem Haus befindet sich eine *serienmäßig* hergestellte Einbauküche. B erhält den Zuschlag in der Zwangsversteigerung. Hat er Eigentum an Grundstück, Haus und Einbauküche erworben?

Lösung

Durch den Zuschlag hat B nach § 90 I ZVG Eigentum an dem Grundstück erworben und nach § 94 I BGB, § 90 I ZVG an dem Haus.

1) Die Einbauküche ist in das Eigentum des B nach § 90 I ZVG übergegangen, wenn sie *wesentlicher Bestandteil* **(§ 93 BGB)** des Grundstücks ist. Serienmäßig hergestellte Einbauküchen können ausgebaut und in einer anderen Wohnung wieder eingebaut werden, ohne dass sie zerstört oder in ihrem Wesen verändert werden. Auch der zurückbleibende Küchenraum wird weder zerstört noch in seinem Wesen verändert, so dass eine Trennung von Einbauküche und Küchenraum ohne weiteres möglich ist. Der Zerstörung durch Trennung steht es gleich, wenn die Kosten des Ein- und Ausbaus in keinem vernünftigen Verhältnis zu der Sache stehen. Die Kosten des Ausbaus und Wiedereinbaus einer Einbauküche sind im Verhältnis zu dem verbleibenden Restwert aber nicht unverhältnismäßig hoch. Daher stellt die Einbauküche *keinen wesentlichen Bestandteil* des Hauses und somit des Grundstücks dar.

Etwas anderes mag dann gelten, wenn der Küchenraum oder die Einbauküche speziell aufeinander abgestimmt wurden und eine Trennung dazu führt, dass keine Verwendungsmöglichkeit mehr besteht. Das Eigentum an der *serienmäßigen* Einbauküche ist hiernach nicht gemäß § 90 I ZVG, 93 BGB auf B übergegangen.

2) Die Einbauküche könnte jedoch nach § **94 II** wesentlicher Bestandteil des Gebäudes und somit des Grundstücks (§ 94 I) sein. Ob Einbauküchen ein wesentlicher Bestandteil nach § 94 II sind, ist in Rechtsprechung und Literatur umstritten. In Norddeutschland wird die Eigenschaft als wesentlicher Bestandteil eher bejaht, während sie in West- und Süddeutschland eher verneint wird.

Entscheidend für die Beurteilung als wesentlicher Bestandteil ist, ob der Küchenraum erst durch die Einfügung der Einbauküche seine besondere Eigenart erhält. Dies ist insbesondere der Fall, wenn die Einbauküche speziell auf den Küchenraum zugeschnitten ist und daher mit ihm eine Einheit bildet. Eine feste Verbindung mit dem Gebäude ist nach der Rechtsprechung nicht erforderlich und auf den Zeitpunkt der Einfügung kommt es auch nicht an.

Bei einer Standardeinbauküche ist jedoch davon auszugehen, dass nach der Verkehrsauffassung der Küchenraum auch ohne Einbauküche als fertiggestellt angesehen wird, denn die serienmäßige Einbauküche ist nicht speziell auf den Küchenraum zugeschnitten. Die Einbauküche ist daher nicht als wesentlicher Bestandteil nach § 94 II anzusehen und B hat kein Eigentum nach § 90 I ZVG an ihr erworben.

3) Allerdings könnte B das Eigentum an der Einbauküche nach §§ **90 II, 55 I, 20 II ZVG, 1120 BGB** erworben haben, wenn die Einbauküche als Zubehör (§ 97) in den Haftungsverband der Hypothek fallen würde. Zubehör sind solche beweglichen Sachen, die nicht Bestandteil der Hauptsache sind, aber dazu bestimmt sind, dem wirtschaftlichen Zweck der Hauptsache zu dienen und in einem dementsprechenden räumlichen Verhältnis zu ihr stehen (§ 97 I 1). Die Einbauküche ist dazu bestimmt, das Wohnen annehmlicher zu gestalten und dient daher dem wirtschaftlichen Zweck der Hauptsache (des Grundstücks). Sie steht in einem räumlichen Verhältnis zum Grundstück, so dass die Voraussetzungen nach § 97 erfüllt sind. Eine Sache ist jedoch kein Zubehör, wenn sie *im Verkehr* nicht als Zubehör angesehen wird (§ 97 I 2). Die Verkehrsauffassung kann regional unterschiedlich sein.

a) Zum Teil wird die Verkehrsauffassung dahingehend gedeutet, dass derjenige, der eine Einbauküche in ein Haus einbaut, im Zweifel nicht beabsichtigt, diese wieder auszubauen, da Aus- und Einbau mit hohen Kosten verbunden sind. Ferner würden heutzutage immer mehr Häuser mit einer Einbauküche ausgestattet, so dass kein Bedürfnis bestehe, die Küche mitzunehmen und die Einbauküche daher als Zubehör des Grundstücks angesehen werde.

b) Nach anderer Ansicht sei zu berücksichtigen, dass Hausfrauen oft an ihrer Küche „hingen" und sie daher auch bei Umzug in das neue Haus mitnehmen möchten. Zudem seien Einbauküchen ein hoher Kostenfaktor. Es werde daher nicht selbstverständlich davon ausgegangen, das neue Haus beinhalte eine Einbauküche. In Notarverträgen würden regelmäßig selbständige Absprachen über die Übernahme von Einbauküchen getroffen. Im Verkehr werde die Einbauküche daher nicht als Zubehör angesehen. Wegen des hohen Kostenfaktors einer Einbauküche ist mit der zweiten Ansicht davon auszugehen, dass sie nach der Verkehrsauffassung nicht als Zubehör angesehen wird. Die Einbauküche stellt somit kein Zubehör nach § 97 I dar und B hat nicht nach §§ 90 II, 55 I, 20 II ZVG, 1120 BGB das Eigentum an der Einbauküche erworben.

▶ **Literatur zu dieser Lektion**

📖 Eckhart, **Jura** 1997, 439 (Unternehmenszubehör im Hypothekenverb.)

📖 Repgen, **Jura** 2002, 267 (Sachenrechts-Klausur)

Lektion 12: Das Anwartschaftsrecht

Das Anwartschaftsrecht (AWR) bezeichnet eine Position innerhalb eines gestreckten Erwerbstatbestandes, die zwischen bloßer Erwerbsaussicht und tatsächlichem Eigentumserwerb liegt. Die Position des Erwerbers ist schon so gefestigt, dass von einem *gesicherten Rechtszustand* zugunsten des Erwerbers gesprochen werden kann. Das AWR wird daher auch als „wesensgleiches Minus zum Eigentum" oder als „Vorstufe zum Eigentum" bezeichnet. Gesetzlich geregelt ist das Anwartschaftsrecht nicht.

Nach überwiegender Ansicht ist das AWR kein dingliches Recht, da die dinglichen Rechte abschließend geregelt seien, sog. *numerus clausus des Sachenrechts*. Bei dem Erwerb einer beweglichen Sache entsteht das AWR dann, wenn die Erwerbsvoraussetzungen (Einigung, Übergabe, Einigsein, Berechtigung) vorliegen, die Einigung jedoch *aufschiebend oder auflösend bedingt* ist. Dies ist insbesondere der Fall bei der Sicherungsübereignung und beim Eigentumsvorbehalt.

Beispiel 1: E übereignet seiner Bank zur Sicherung von Forderungen seinen PKW nach §§ 929 S. 1, 930. Die Übereignung soll auflösend durch das Bestehen der zu sichernden Forderung bedingt sein (§158 II), d.h. sobald E die Forderung zurückgezahlt hat, wird er wieder Eigentümer des PKW. Bis dahin steht dem E ein Anwartschaftsrecht an dem PKW zu.

Der *Eigentumsvorbehaltskauf* wurde bereits besprochen, vgl. Beispiel 6, Seite 65. Das AWR infolge eines Eigentumsvorbehaltskaufs entsteht durch Einigung, Übergabe oder Übergabesurrogat, Einigsein und die Berechtigung. Ferner muss der Bedingungseintritt möglich sein.

Das Entstehen des Anwartschaftsrechts

1. **Bedingte Einigung**
2. **Übergabe oder Übergabesurrogat nach §§ 929 ff.**
3. **Einigsein**
4. **Berechtigung oder gutgläubiger Erwerb, §§ 932 ff.**
5. **Möglichkeit des Bedingungseintritts**

Der Eigentumsvorbehaltskauf trägt dem Sicherungsbedürfnis des Verkäufers Rechnung, der die Sache aus der Hand gibt, ohne dass er bereits die Gegenleistung (den Kaufpreis) erhalten hat. Der Verkäufer bleibt Eigentümer der Ware. Jedoch darf er den Herausgabeanspruch nach § 985 nur geltend machen, wenn er vom Kaufvertrag zurückgetreten ist, § 449 II.

In seinem Bestand ist das Anwartschaftsrecht abhängig vom Kaufvertrag. Erfolgt der Rücktritt vom Kaufvertrag, so kann der Bedingungseintritt der vollständigen Kaufpreiszahlung nicht mehr eintreten und das Anwartschaftsrecht erlischt. Führt der Vorbehaltskäufer aber rechtzeitig durch Zahlung des Kaufpreises den Bedingungseintritt herbei, *erstarkt* das Anwartschaftsrecht zum Volleigentum.

Der *Anwartschaftsberechtigte* ist gegen *Zwischenverfügungen* des Eigentümers (Verkäufers) nach **§ 161 I, II** geschützt. Zwar kann ein gutgläubiger Dritter noch gemäß **§ 161 III i. V. m. §§ 932 ff.** gutgläubig Eigentum an der Sache erwerben.

Allerdings wird § **936 III** entsprechend auf das AWR angewendet, so dass ein gutgläubiger Erwerb ausscheidet, wenn der Anwartschaftsberechtigte Besitzer der Sache ist, was bei Eigentumsvorbehaltskauf und Sicherungsübereignung regelmäßig der Fall ist.

Beispiel 2: V und K vereinbaren einen Eigentumsvorbehaltskauf über einen PKW, der K übergeben wird. Vor Zahlung der letzten Rate veräußert V den PKW unter Abtretung seines Herausgabeanspruchs (§§ 929 S. 1, 931) an Z. K zahlt daraufhin den Kaufpreis. Hat K Eigentum erworben?

Lösung: K kann das Eigentum nur erworben haben, wenn nicht der Z Eigentümer des Wagens geworden ist. V und Z haben sich *geeinigt*, die *Übergabe* wurde gemäß § 931 durch Abtretung des Herausgabeanspruchs ersetzt. V war bis zur Zahlung der letzten Rate (= Bedingungseintritt) als Noch-Eigentümer zu der Verfügung an Z *berechtigt*.

Allerdings ergibt sich aus § 161 I, dass die Verfügung mit Bedingungseintritt unwirksam wird. Jedoch kann Z gutgläubig *unbelastetes Eigentum* (also Eigentum ohne AWR) an dem Auto nach §§ 161 III, 932 ff. erworben haben. Da die Eigentumsübertragung gemäß § 931 erfolgte, ist § 934 die einschlägige Gutglaubensvorschrift. Z war gutgläubig. Für einen Gutglaubenserwerb nach § 934 2. Alt. fehlt es aber an der Übergabe. Ein Gutglaubenserwerb nach § 934 1. Alt. ist denkbar.

Auf das AWR ist jedoch § 936 III entsprechend anwendbar. Da K im Besitz des Autos ist, hat Z das Eigentum nicht lastenfrei erworben. Z hat das Eigentum an dem Auto also belastet mit dem AWR des K erworben. Durch Zahlung des Kaufpreises hat K den Bedingungseintritt herbeigeführt, so dass nach § 161 I die Verfügung (§§ 929 S. 1, 931) an Z als unwirksam anzusehen ist und K das Volleigentum an dem PKW erlangt hat.

Der Eigentumsvorbehalt kann auch *nachträglich* vereinbart werden. Diese Möglichkeit wird vor allem dann genutzt, wenn der Verkäufer dem Käufer das Eigentum an der Sache bereits übertragen hat und der Käufer daraufhin nicht imstande ist, die Kaufpreisforderung zu begleichen. Auf welchem Weg der Verkäufer wieder zum Eigentümer wird und der Käufer ein AWR erhält, ist umstritten:

1) Teilweise wird die bloße Vereinbarung des Eigentumsvorbehaltes als ausreichend angesehen.

2) Nach der **Rechtsprechung** ist *im ersten Schritt* eine Rückübereignung des vollen Eigentums auf den Verkäufer nach §§ 929 S. 1, 930 erforderlich. Der Käufer erhält vom Verkäufer *im zweiten Schritt* nur das AWR nach §§ 929 S. 2, 158 I unter der aufschiebenden Bedingung der Kaufpreiszahlung.

3) Nach der **Literatur** erfolgt die Rückübertragung und die Vereinbarung des AWR nach §§ 929 S. 1, 930, 158 II unter der auflösenden Bedingung der Kaufpreiszahlung, d.h. das Eigentum wird, gekürzt um das AWR, *in einem Akt* auf den Verkäufer zurückübertragen.

Der Anwartschaftsberechtigte kann das AWR auch einem Dritten übertragen. Die Übertragung des AWR richtet sich nach den Regeln, die für die Übertragung des Vollrechts gelten, also nach §§ 929 ff. analog (nicht §§ 398 ff.!). Es muss demnach die Einigung, die Übergabe der Sache oder ein Übergabesurrogat, das Einigsein und die Berechtigung des Übertragenden vorliegen. Ferner muss der Bedingungseintritt möglich sein.

Beispiel 3: A hat von E unter Eigentumsvorbehalt ein wertvolles Buch gekauft. Vor Zahlung der letzten Kaufrate überträgt A das AWR auf B. Die Einigung, Übergabe, Berechtigung und die Möglichkeit der vollen Kaufpreiszahlung liegen als Voraussetzungen vor. B erwirbt das AWR von A und wird mit Zahlung der letzten Kaufpreisrate Eigentümer.

Beispiel 4: B hält in Beispiel 3 den A für den Eigentümer des Buches. Bei der Eigentumsübertragung vereinbaren sie, dass das Buch zunächst im Besitz des A verbleiben soll (§§ 929 S. 1, 930). Hat B das Eigentum oder das AWR erworben?

Lösung: B könnte von A nach §§ 929 S. 1, 930, 933 gutgläubig Eigentum an dem Buch erlangt haben. Jedoch fehlt es an der nach § 933 erforderlichen Übergabe. Nach § 140 bzw. nach §§ 133, 157 kann die fehlgeschlagene Übertragung des *Eigentums* jedoch in die *Übertragung des AWR* umgedeutet bzw. ausgelegt werden. Bezüglich des AWR hat A ja als Berechtigter gehandelt, so dass B das AWR auch ohne guten Glauben erwerben konnte. B hat dann also zumindest das AWR an dem Buch erworben.

Ist der Übertragende nicht Inhaber des AWR und daher Nichtberechtigter, so ist ein Erwerb des AWR unter den Voraussetzungen der §§ 932 ff. möglich. Existiert das AWR gar nicht, so kann es auch nicht gutgläubig erworben werden, die Bedingung kann nicht eintreten und das AWR nicht zum Vollrecht erstarken.

Für die Übertragung des AWR benötigt der Anwartschaftsberechtigte *nicht* die Zustimmung des Eigentümers. Eine Absprache zwischen Eigentümer und Anwartschaftsberechtigtem, das AWR nicht übertragen zu dürfen, wirkt sich nur *schuldrechtlich* aus. Die Verfügungsbefugnis des Anwartschaftsberechtigten auf dinglicher Ebene wird hierdurch nicht beschränkt, § 137.

Im Wirtschaftsverkehr wird häufig ein sogenannter **verlängerter Eigentumsvorbehalt** vereinbart. Der Vorbehaltsverkäufer und der Vorbehaltskäufer vereinbaren zunächst einen gewöhnlichen Eigentumsvorbehalt, §§ 929 S. 1, 158 I. Der Vorbehaltskäufer wird zur Weiterveräußerung der Sachen an seine Abkäufer ermächtigt (§ 185 I).

Bedingung ist meistens, dass die Weiterveräußerung sich im gewöhnlichen Geschäftsverkehr vollzieht. Damit der Vorbehaltsverkäufer nicht schutzlos dasteht, tritt der Vorbehaltskäufer (= Anwartschaftsberechtigte) dem Vorbehaltskäufer die aus der Weiterveräußerung entstehenden Forderungen nach §§ 398 ff. ab. Dabei muss die Forderung zumindest bestimmbar sein. Außerdem wird der Vorbehaltskäufer zur Einziehung der nunmehr dem Vorbehaltsverkäufer zustehenden Forderungen ermächtigt.

System des verlängerten Eigentumsvorbehalts

1. Vorbehaltsverkäufer (=VV) und Vorbehaltskäufer (=VK) einigen sich über Eigentumsvorbehaltskauf, §§ 929 S. 1,158 I
2. VK tritt Forderungen gegen Abkäufer (= AK) an VV ab, § 398 ff.
3. VV ermächtigt VK zur Weiterveräußerung an AK (§ 185 I) und zur Forderungseinziehung (§ 185 I analog)

Der verlängerte Eigentumsvorbehalt dient somit der Erleichterung des Warenumsatzes. Er sichert zum einem den Vorbehaltsverkäufer ab, indem seine Sicherheiten sich auf die aus der Weiterveräußerung resultierenden Forderungen erstrecken (= Surrogate). Zum anderen dient der verlängerte Eigentumsvorbehalt der Sicherung des Abkäufers, der das Eigentum an der Sache erlangen kann.

Beispiel 5: Großhändler V verkauft und übereignet an K Waschmaschinen unter Eigentumsvorbehalt (§§ 929 S. 1, 158 I). Es ist ein verlängerter Eigentumsvorbehalt vereinbart. K wird also nach § 185 I zur Weiterveräußerung der Waschmaschinen und zur Forderungseinziehung ermächtigt. Dafür tritt K dem V die Forderungen aus der Weiterveräußerung ab (§§ 398 ff.).

K veräußert nun eine Waschmaschine weiter an D. D zahlt den Kaufpreis sofort an K. Die Kaufpreisforderung wurde nach §§ 398 ff. an V abgetreten. K ist jedoch zur Einziehung ermächtigt (§ 185 I analog). Da K nach § 185 I zur Weiterveräußerung ermächtigt ist, kann er als „Berechtigter" mit D eine Einigung nach § 929 S. 1 über den Eigentumsübergang an der Waschmaschine erzielen. Wäre K hierzu nicht ermächtigt, könnte D nur gutgläubig nach §§ 932 ff. das Eigentum oder das AWR des K erwerben, welches dann aber vom Kaufvertrag zwischen V und K abhängig wäre und erst mit Zahlung des Kaufpreises zum Vollrecht erstarken würde.

Häufig kommt es vor, dass der Vorbehaltskäufer bereits im Rahmen einer sogenannten **Globalzession** einer Bank alle ihm zustehenden Forderungen abgetreten hat. Zu diesen Forderungen gehören auch die aus der Weiterveräußerung resultierenden Forderungen, die er meist später dem Vorbe-

108

haltsverkäufer abtritt. Es liegt folglich eine *Kollision* zwischen der *Vorausabtretung* gegenüber dem Vorbehaltsverkäufer und der *Globalzession* gegenüber der Bank vor, denn beide Abtretungen haben zumindest teilweise dieselben Forderungen zum Inhalt.

Beispiel 6: Wie Beispiel 5. Jedoch hat K schon vor der Vereinbarung mit V seiner Bank B zur Sicherung eines ihm gewährten Kredites alle ihm im Rahmen seines Geschäftsbetriebes zustehenden Forderungen nach §§ 398 ff. abgetreten. Hierzu gehören auch die gegenüber D bestehenden Forderungen, die er dem V im Rahmen des verlängerten Eigentumsvorbehaltes abgetreten hat.

Wie kann o.g. Kollisionsproblem gelöst werden? Grundsätzlich gilt bei der mehrfachen Abtretung einer Forderung der **Prioritätsgrundsatz** (vgl. § 185 II 2, § 161 I). Merkformel: Wer zuerst kommt, mahlt zuerst! Damit hätte die Globalzession zu Gunsten der Bank Vorrang.

Teilweise wird auch (genau umgekehrt) der generelle Vorrang der Vorausabtretung (Surrogationsprinzip) oder die Teilung zwischen Vorbehaltsverkäufer und Bank (sog. Teilungsprinzip) befürwortet. Diese Ansätze finden jedoch keine Stütze im Gesetz. Es ist daher grundsätzlich von der Geltung des Prioritätsprinzips auszugehen.

Der **BGH** sieht allerdings eine Globalzession, die sich auch auf Forderungen aus der Weiterveräußerung des Vorbehaltseigentums erstreckt, als *sittenwidrig* gemäß **§ 138 I** und damit als nichtig an. Weil der Vorbehaltskäufer die Vereinbarung über die Vorausabtretung nicht einhalten könne, werde der Vorbehaltsverkäufer über die Wirksamkeit des verlängerten Eigentumsvorbehaltes getäuscht. Der Vorbehaltskäufer werde gegenüber dem Vorbehaltsverkäufer zum Vertragsbruch verleitet, sog. *Vertragsbruchtheorie*.

▶ **Literatur zu dieser Lektion**

📖 Giesen, **Jura** 1994, 194 (Globalzession und Eigentumsvorbehalt)
📖 Hoffmann, **Jura** 1995, 457 (Eigentumsvorbehalt)
📖 Haas, **JA** 1998, 23; 115; 846 (Anwartschaftsrecht)

Lektion 13: Die Sicherungsübereignung

Will ein Kreditnehmer einen Kredit bei einem Kreditgeber aufnehmen, so drängt der Kreditgeber meistens auf die Bestellung von Sicherheiten. Sollen als Sicherheit *bewegliche Sachen* dienen, bietet sich die *Verpfändung* (§§ 1204 ff.) an. Hierzu ist aber die *Übergabe* der Sache (§ 1205 I) erforderlich. Zwar lässt die Verpfändung auch Übergabesurrogate zu (§ 1205 II), das Besitzkonstitut, wie es bei § 930 geregelt ist, ist für die Verpfändung allerdings nicht zulässig.

Oft ist der Kreditnehmer jedoch auf die Nutzung der Sache angewiesen, so dass er den Besitz an ihr nicht übertragen möchte. Daher hat sich in der Praxis das (ungeschriebene) Rechtsinstitut der Sicherungsübereignung entwickelt, bei der der Kreditnehmer (= Sicherungsgeber) den Besitz an der Sache behalten kann. Der Nachteil der Sicherungsübereignung besteht in der mangelnden Publizität für die Gläubiger des Sicherungsgebers. Diese können nicht erkennen, dass die sich im Besitz ihres Schuldners befindenden Gegenstände in Wirklichkeit einem anderen nach §§ 929 S. 1, 930 übereignet worden sind.

Beispiel 1: Der Fabrikant F nimmt ein Darlehen bei der Bank B auf. Als Sicherheit sollen der B die Lastwagen des F dienen. Würde F dem B ein Pfandrecht hieran bestellen, müsste er die Lastwagen an B übergeben. F ist jedoch auf die Verfügbarkeit der Lastwagen angewiesen. Die Sicherungsübereignung ist hier geeigneter, da der Besitz bei F verbleibt.

Die Sicherungsübereignung vollzieht sich nach §§ 929 S. 1, 930 durch Einigung und Vereinbarung eines Besitzmittlungsverhältnisses. Das für das Besitzmittlungsverhältnis erforderliche Rechtsverhältnis ergibt sich aus dem zwischen dem Sicherungsgeber und dem Sicherungsnehmer vereinbarten *Sicherungsvertrag*. Hierin wird vereinbart, dass der Sicherungsgeber zur Übereignung der Sache nach §§ 929 S. 1, 930 verpflichtet ist, welche Forderungen gesichert werden, welche Rechte und Pflichten die Parteien haben und wie die Sache verwertet werden soll, wenn die Forderung nicht zurückgezahlt wird.

System der Sicherungsübereignung

---

1. Zu sichernde Forderung (z. B. aus Darlehen, § 488) muss bestimmbar sein.
2. Sicherungsvertrag (Schuldrechtliche Vereinbarung der Übereignung einer Sache zur Sicherung der Forderung).
3. Sicherungsübereignung nach §§ 929 S. 1, 930:
   - Die Einigung muss dem *Bestimmtheitsgrundsatz* genügen.
   - Ein *Besitzmittlungsverhältnis* i. S. d. §§ 930, 868 ergibt sich aus dem Sicherungsvertrag.

Der Sicherungsvertrag stellt somit die Verknüpfung zwischen der zu sichernden Forderung und der Sicherungsübereignung dar. Der Sicherungsgeber (Kreditnehmer) besitzt die Sache für den Sicherungsnehmer (Kreditgeber) und nach Tilgung der Forderung ergibt sich ein Rückgabeanspruch aus dem Sicherungsvertrag. Somit besteht zwischen Sicherungsnehmer und Sicherungsgeber ein Besitzmittlungsverhältnis i. S. d. §§ 868, 930.

Beispiel 2: Wie Beispiel 1. B hat dem F ein Darlehen (§ 488) gewährt. Hieraus ergibt sich eine Rückzahlungsverpflichtung des F (§ 488 I 2). Dem B steht also gegen F eine Forderung zu. Für diese Forderung möchte B Sicherheiten gestellt bekommen. Daher vereinbaren B und F in einem Sicherungsvertrag, dass F zur Übertragung der Lastwagen an B verpflichtet sein soll. F überträgt die Lastwagen daraufhin durch Einigung und Vereinbarung eines Besitzkonstituts (§§ 929 S. 1, 930) auf B. Tilgt F die Darlehensforderung, ergibt sich aus dem Sicherungsvertrag ein Anspruch auf Rückübereignung der Lastwagen von B an F.

Die Sicherungsübereignung ist vom Fortbestehen der Forderung unabhängig, sie ist *nichtakzessorisch*. In seltenen Fällen wird auch eine auflösend bedingte Sicherungsübereignung geschlossen, §§ 929 S. 1, 930, 158 II. Hier verbleibt dem Sicherungsgeber das AWR an der Sache und mit Tilgung der Forderung fällt das Eigentum automatisch an den Sicherungsgeber zurück. Es können auch *künftige,* noch zu erwerbende Sachen übereignet werden. Dies kommt insbesondere bei *Warenlagern* mit wechselndem Warenbestand vor.

Um dem im Sachenrecht geltenden **Bestimmtheitsgrundsatz** zu genügen, muss ein objektiver Dritter allein anhand der dinglichen Einigung ermitteln können, an *welchen konkreten Gegenständen* der Eigentumswechsel eintreten soll.

Die Parteien können dazu einen sogenannten **Raumsicherungsvertrag** abschließen. Das Eigentum soll dann an allen sich in einem Raum befindlichen Sachen übergehen. Eine Raumsicherungsklausel genügt den Bestimmtheitsanforderungen, denn es kann allein anhand der Einigung festgestellt werden, dass alle Sachen im Raum in das Eigentum des Sicherungsnehmers übergehen sollen. Wenn das Eigentum an *einzelnen Sachen* einer Sachgesamtheit übertragen werden soll, kann ein **Markierungsvertrag** vereinbart werden. Die Anforderungen an die Bestimmtheit sind erfüllt, wenn die Sachen, an denen das Eigentum übergehen soll, markiert werden.

Beispiel 3: F will aus seinem Warenlager, in dem sich 100 Kisten befinden, 30 zur Sicherheit an B übereignen. Wenn F die 30 Kisten, die übereignet werden sollen, kennzeichnet, ist die dingliche Einigung hinreichend bestimmt.

Beispiel 4: Unwirksam ist z.B., wenn „ein halbes Lager" oder „das Lager bis zu einem Wert von 5.000 Euro" oder 75 Ferkel, die zusammen mit anderen gleichartigen gehalten werden, zur Sicherheit übereignet werden. Hier ist nicht erkennbar, welche konkreten Sachen von der SÜ erfasst sein sollen.

Bei einer **Knebelung** oder einer **ursprünglichen Übersicherung** kann sich die Sittenwidrigkeit und damit die Unwirksamkeit (§ 138 I) von Sicherungsvertrag und Sicherungsübereignung ergeben. Soweit Sicherungsvereinbarungen in AGBen getroffen werden, kommt eine Unwirksamkeit nach § 307 in Betracht.

Eine *Knebelung* liegt vor, wenn dem Sicherungsgeber jegliche Freiheit für eigene wirtschaftliche und kaufmännische Entschließungen genommen wird.

Beispiel 5: F übereignet zur Sicherheit an die Bank B alle Maschinen seines Betriebes. Im Sicherungsvertrag wird vereinbart, dass F einen wöchentlichen Geschäftsbericht abzugeben hat und für Personalentscheidungen sowie Neuanschaffungen stets die Zustimmung der B erforderlich ist.

Ferner kann sich die Sittenwidrigkeit aus einer *ursprünglichen Übersicherung* ergeben. Eine ursprüngliche Übersicherung liegt vor, wenn im Zeitpunkt des Abschlusses des Sicherungsvertrages bereits feststeht, dass im Verwertungsfall der Wert der zur Sicherheit übereigneten Sachen den Wert der zu sichernden Forderung erheblich übersteigt. Ab welchen Wert eine sittenwidrige Übersicherung vorliegt, ist nach den Besonderheiten des Einzelfalls zu beurteilen.

Die Sittenwidrigkeit im Falle der ursprünglichen Übersicherung kann sich auch aus dem Gesichtspunkt der *Gläubigergefährdung* ergeben. Es liegt dann objektiv die Möglichkeit vor, dass Dritte getäuscht werden und Schaden erleiden. Die Sittenwidrigkeit ergreift in der Regel nicht nur den schuldrechtlichen Sicherungsvertrag, sondern auch die dingliche Sicherungsübereignung. Sowohl der Vertrag als auch die Übereignung sind dann nach § 138 I nichtig.

Im Falle der *nachträglichen Übersicherung* sind der Sicherungsvertrag und die Sicherungsübereignung hingegen nicht nach § 138 I nichtig. Es entsteht lediglich ein *schuldrechtlicher Freigabeanspruch* bezüglich der Sicherheiten, d.h. der Sicherungsnehmer muss einen Teil der zur Sicherheit übereigneten Sachen auf den Sicherungsgeber zurückübertragen.

Eine nachträgliche Übersicherung kann z.B. dadurch zustande kommen, dass ein Teil der zu sichernden Forderungen bereits getilgt ist oder der Wert des zur Sicherheit übereigneten Warenlagers sich durch zusätzlich eingebrachte Sachen erhöht hat. Spätestens dann, wenn der Schätzwert des Sicherungsgutes 150 % der gesicherten Forderung übersteigt (§ 237 entsprechend) wird *vermutet*, dass eine Übersicherung vorliegt.

Der *Freigabeanspruch* kann als Klausel im Sicherungsvertrag aufgenommen werden. Aber auch ohne vertragliche Regelung ergibt sich nach der Rechtsprechung ein vertragsimmanenter Freigabeanspruch aus der „Natur des Sicherungsvertrages".

▶ **Literatur zu dieser Lektion**

📖 Weitemeyer, **JA** 1998, 854 (856) (Sicherungsübereignung - Klausur)

📖 Pöggeler, **JA** 1996, 551 (Sicherungsübereignung - Grundlagen)

📖 Klanten, **JA** 1998, 737 (Freigabeklauseln - Grundlagen)

Lektion 14: Das vertragliche Pfandrecht

Das Pfandrecht ist ein *beschränkt dingliches Recht*. Beschränkt dingliche Rechte sind bestimmte, sich aus dem Eigentum ergebende Befugnisse, die der Eigentümer übertragen kann. Im Sachenrecht gilt der *numerus clausus*, d. h. es können nur die gesetzlich festgelegten beschränkt dinglichen Rechte eingeräumt werden und dies nur mit dem gesetzlich festgelegten Inhalt, sog. *Typenzwang*.

Das Pfandrecht räumt dem Inhaber (= Pfandgläubiger) die Befugnis ein, die Sache *zu verwerten*, um sich aus dem Erlös zu befriedigen, wenn die Zahlung auf die bestehende Forderung nicht erfolgt.

Beispiel 1: A „leiht" sich im Pfandhaus des B 1.000 Euro. Zur Sicherheit übergibt er dem B seine goldene „Rolex" und räumt ihm ein Pfandrecht an der Uhr ein. Wenn A die 1.000 Euro nicht zurückzahlt, darf B die „Rolex" verwerten, um sich aus dem Erlös zu befriedigen

Das Pfandrecht kann sowohl an beweglichen Sachen (§§ 1204 ff.) wie auch an Rechten und Forderungen (§§ 1273 ff.) begründet werden. Nachfolgend wird nur das Pfandrecht an *beweglichen Sachen* erläutert. Ohnehin gelten die für das Pfandrecht an beweglichen Sachen bestehenden Vorschriften grundsätzlich für das Pfandrecht an Rechten entsprechend, § 1273 II.

Das Entstehen des Pfandrechts

1. Einigung
2. Bestehen der zu sichernden Forderung
2. Übergabe oder Übergabesurrogat nach §§ 1205, 1206
3. Einigsein
4. Berechtigung oder gutgläubiger Erwerb, § 1207

Das Pfandrecht entsteht durch *Einigung* (§ 1204) und *Übergabe* oder Übergabesurrogat (§§ 1205, 1206), wobei bereits zu Beginn der Lektion 13 angesprochen wurde, dass die Vereinbarung eines Besitzkonstituts *nicht* ausreicht. Aus dem *Bestimmtheitsgrundsatz* ergibt sich wiederum, dass das Pfandrecht nur an einer bestimmten Sache bestellt werden kann.

Wurde die Einigung vorweggenommen, also antizipiert getroffen, muss im Zeitpunkt der Übergabe noch ein *Einigsein* der Parteien bestehen. Der Verpfänder muss im Hinblick auf die Verfügung über die Sache *Berechtigter* sein. Nach § 1207 ist jedoch ein *gutgläubiger (Erst-)Erwerb* vom Nichtberechtigten möglich.

Beispiel 2: A bestellt dem B ein Pfandrecht an seinem Klavier zur Sicherung einer aus einem Darlehen bestehenden Forderung. Hierzu übergibt er ihm das Klavier. Später stellt sich heraus, dass das Klavier in Wirklichkeit dem E gehörte. B hielt den A für den Eigentümer des Klaviers. Hat B ein Pfandrecht erworben?

Lösung: A und B haben sich gemäß § 1204 I über die Bestellung eines Pfandrechts geeinigt. Das Klavier wurde dem B nach § 1205 I übergeben. A war nicht Eigentümer, so dass er zu der Bestellung des Pfandrechts nicht berechtigt war. B hat aber nach §§ 1207, 932 gutgläubig ein Pfandrecht an dem Klavier erworben.

Eine wichtige Besonderheit des Pfandrechts gegenüber der Sicherungsübereignung ist, dass das Pfandrecht vom Bestehen der Forderung *abhängig*, also ein sogenanntes **akzessorisches** Recht ist. Das bedeutet, dass das Pfandrecht nicht entsteht, wenn die gesicherte Forderung nicht besteht.

Erlischt die gesicherte Forderung, erlischt ebenfalls das Pfandrecht, § 1252. Eine Durchbrechung des Akzessorietätsgrundsatzes findet sich in §1204 II. Hiernach kann das Pfandrecht auch für eine künftige oder eine bedingte Forderung bestellt werden. Nach h.M. entsteht das Pfandrecht hier schon vor Entstehung der Forderung im Zeitpunkt der Bestellung des Pfandrechts.

Das *Pfandrecht* kann für sich allein *nicht übertragen* werden, § 1250 I 2. Nur die *Forderung* ist Gegenstand des Rechtsverkehrs. Das Pfandrecht geht kraft Gesetzes mit der *Abtretung der Forderung* über, §§ 1250 I, 401. Das Gleiche gilt regelmäßig, wenn die Forderung nicht abgetreten wird, sondern *kraft Gesetzes* übergeht, §§ 1249, 1225, 774.

Die Übertragung des Pfandrechts

1. **Abtretung der Forderung gemäß § 398 oder**
2. **gesetzlicher Forderungsübergang**
3. **RF: Übergang des Pfandrechts, §§ 1250 I, 401**

Bei der Übertragung des Pfandrechts ist - anders als bei der Bestellung - nicht die Übergabe der Sache erforderlich. Die Abtretung genügt also. Der neue Gläubiger kann aber nach § 1251 die Herausgabe der Pfandsache verlangen. Geht die Forderung kraft Gesetzes auf einen Dritten über, erwirbt er nach §§ 412, 401 kraft Gesetzes das Pfandrecht.

Das Pfandrecht ist als *absolutes dingliches Recht* gegenüber Jedermann geschützt. Es stellt ein „Recht zum Besitz" i. S. d. § 986 dar. Nach § 1227 kann der Pfandgläubiger im Falle der Beeinträchtigung des Pfandrechts die einem Eigentümer zustehenden Rechte geltend machen. Er kann also nach §§ 985 ff., 989 ff., 994 ff., 1004 f. und § 1007 vorgehen. Diese Ansprüche kann der Pfandgläubiger sogar gegen den Eigentümer geltend machen.

Außerdem ist der Pfandgläubiger nach § **1228** zur *Befriedigung* aus dem Pfand durch Verkauf der Pfandsache berechtigt. Es sind die Vorschriften der §§ 1234-1240 zu beachten. Der Verkauf erfolgt im Wege der *öffentlichen Versteigerung*, § 1235 I, § 383 III. Er kann auch im Wege des *freihändigen Verkaufs* (§§ 1235 II, 1221) bewirkt werden. Der Pfandgläubiger ist aber erst mit Pfandreife befugt, die Verwertung der Pfandsache zu betreiben. Die Pfandreife tritt mit *Fälligkeit der gesicherten Forderung* ein, § 1228 II S. 1. Nach § 1242 I erhält der Erwerber das Eigentum an der verkauften Sache. Gemäß § 1244 ist ein gutgläubiger Erwerb der Pfandsache möglich.

Nach § **1247** S. 1 gebührt dem Pfandgläubiger der *Erlös*. An einem die Forderung übersteigenden Erlös tritt nach § 1247 S. 2 die sogenannte *dingliche Surrogation* ein, d. h. die an der Pfandsache bestehenden dinglichen Rechte setzen sich am Erlös fort. Der Eigentümer der Pfandsache wird damit Eigentümer des Resterlöses, nachdem der Pfandgläubiger befriedigt ist.

Das Pfandrecht *erlischt* als Folge seiner Akzessorietät mit dem Erlöschen der gesicherten Forderung, § 1252. Ferner erlischt das Pfandrecht mit Rückgabe der Pfandsache an den Verpfänder oder Eigentümer, § 1253 I, durch einseitigen Verzicht des Pfandgläubigers, § 1255 I, durch Vereinigung von Eigentum und Pfandrecht in einer Person, § 1256 I 2, durch rechtmäßige Veräußerung, § 1242 II und durch den gutgläubigen lastenfreien Erwerb eines Dritten, § 936 I.

▶ **Literatur zu dieser Lektion**

Schmitz, **JA** 1993, Ü 73 (gelbe Seiten) (Das Flaschenpfand - Klausur)

Lektion 15: Das gesetzliche Pfandrecht

Das Gesetz sieht in einigen Fällen das Entstehen eines *gesetzlichen Pfandrechts* vor, also eines Pfandrechts, das unabhängig von der Einigung der Vertragsparteien entsteht. Sinn und Zweck eines gesetzlichen Pfandrechts ist es, einem Vertragspartner eine Sicherung für aus dem Vertragsverhältnis entstehende Forderungen zu geben. Dies ist insbesondere sinnvoll, wenn der eine Vertragsteil üblicherweise vorzuleisten verpflichtet ist.

Beispiel 1: Der Werkunternehmer erhält nach § 647 ein Pfandrecht an den von ihm hergestellten oder ausgebesserten Sachen des Bestellers für seine Forderungen aus dem Werkvertrag; dem Vermieter oder Verpächter steht ein Pfandrecht an den eingebrachten Sachen des Mieters oder Pächters (§§ 562, 578, 592), dem Gastwirt nach § 704 ein Pfandrecht an den eingebrachten Sachen des Gastes zu.

Die gesetzlichen Pfandrechte unterteilen sich in *Besitzpfandrechte*, bei denen sich der Pfandgläubiger im Besitz der Sache befindet (z. B. Werkunternehmer, § 647 BGB, Lagerhalter, § 475 b HGB, Kommissionär, § 397 HGB, Spediteur, § 464 HGB und Frachtführer, § 441 HGB) und sogenannte *besitzlose Pfandrechte*, bei denen der Pfandgläubiger keinen Besitz an der Pfandsache hat, sondern die Sachen in seine Sphäre „eingebracht" wurden, z.B. Vermieter- oder Verpächterpfandrecht § 562, Gastwirt, § 704, Hinterlegung, § 233.

Das **Vermieterpfandrecht** setzt voraus, dass eine Forderung aus dem Mietverhältnis besteht. Es kann sich sowohl um Mietforderungen als auch um Forderungen auf Schadensersatz etc. handeln. Das Pfandrecht entsteht nur an den *eingebrachten Sachen* des Mieters. Es muss sich also zunächst um Sachen (§ 90) handeln. „Eingebracht" sind die Sachen, wenn sie vom Mieter während der Mietzeit gewollt in die Mieträume geschafft wurden und dort nicht nur vorübergehend bleiben sollen.

Das Vermieterpfandrecht erstreckt sich nicht auf Sachen, die der Pfändung nicht unterliegen, § 562 I 2. Welche Sachen nicht der Pfändung unterworfen sind, ergibt sich insbesondere aus § 811 ZPO. Dazu gehören z.b. Kleidungsstücke, Wäsche, Betten, Haus- und Küchengerät. Die Sachen müssen im **Eigentum des Mieters** stehen. Das Pfandrecht kann aber nach h. M. auch an AWRen des Mieters entstehen.

Steht die Sache nicht im Eigentum des Mieters, so ist fraglich, ob ein Pfandrecht gutgläubig erworben werden kann. Zwar sind nach **§ 1257** die Vorschriften über das rechtsgeschäftliche Pfandrecht auf die *gesetzlichen Pfandrechte anwendbar*, so dass auch die Vorschrift des § 1207 (gutgläubiger Erwerb) gilt. Zum einen spricht § 1257 aber davon, dass die Vorschriften der §§ 1204 ff. auf ein bereits *entstandenes* Pfandrecht anwendbar sind, also nicht regeln, ob ein gesetzliches Pfandrecht *entstehen* kann. Bei den besitzlosen Pfandrechten fehlt jede Entsprechung zu den auf dem Rechtsschein des Besitzes gegründeten Tatbeständen der §§ 1207, 932 ff., so dass diese nicht analog angewendet werden können. Der gutgläubige Erwerb eines Vermieterpfandrechts an dem Mieter nicht gehörenden Sachen ist somit nicht möglich.

Das **Unternehmerpfandrecht** sichert alle aus dem Werkvertragsverhältnis entstehenden Forderungen und ist ebenfalls von deren Entstehung abhängig. Es werden nur *bewegliche Sachen* erfasst. Der Werkunternehmer muss den Besitz (unmittelbaren, § 854 oder mittelbaren, § 868) an der Sache erlangt haben. Ferner muss die Sache *im Eigentum des Bestellers* stehen. Ob der gutgläubige Erwerb eines Pfandrechts an nicht im Eigentum des Bestellers stehenden Sachen möglich ist, ist umstritten.

Beispiel 2: Autohändler A verkauft dem B einen VW-Golf unter Eigentumsvorbehalt. B gibt den Wagen zur Reparatur in die Werkstatt des W. Hat W ein Unternehmerpfandrecht (§ 647) am Golf erworben?

Lösung: Nicht B, sondern A war wegen des Eigentumsvorbehalts Eigentümer des Golfs. Der Golf war also keine Sache des „Bestellers" B. Hat W gutgläubig ein Unternehmerpfandrecht gemäß §§ 1257, 1207, 932 erworben? Der Wortlaut des § 1257 spricht von einem bereits „entstandenen" Pfandrecht, daher sind §§ 1207, 932 ff. nicht direkt anwendbar. § 1207, 932 ff. könnten *analog* anwendbar sein, wenn eine *planwidrige Regelungslücke* und eine vergleichbare Interessenlage zwischen einem gutgläubigen Erwerb des Unternehmerpfandrechts und dem gutgläubigen Erwerb rechtsgeschäftlicher Pfandrechte besteht. Das Werkunternehmerpfandrecht setzt die Besitzübertragung der Sache voraus, so dass an den Rechtsschein des Besitzes angeknüpft werden kann. Ferner ergibt sich aus § 366 III HGB die Möglichkeit des gutgläubigen Erwerbs gesetzlicher Pfandrechte. Allerdings lässt sich aus § 366 III ebenso entnehmen, dass der Gesetzgeber das Problem des gutgläubigen Erwerbs von gesetzlichen Pfandrechten gesehen hat, so dass es an der für eine Analogie erforderlichen planwidrigen Regelungslücke fehlt. Ein gutgläubiger Erwerb des Werkunternehmerpfandrechts analog §§ 1207, 932 ff. scheidet somit aus.

Nach § 1257 stehen dem Gläubiger des gesetzlichen Pfandrechts die gleichen Ansprüche zu, wie dem Inhaber eines vertraglichen Pfandrechts. Auch er kann also nach § 1227 die einem Eigentümer zustehenden Ansprüche geltend machen. Im Falle der Pfandreife kann er nach §§ 1228 ff. die Verwertung betreiben. Insbesondere beim Unternehmerpfandrecht ist aber zu beachten, dass es durch Rückgabe der Sache nach § 1253 I erlischt.

Beispiel 3: Nach erfolgter Reparatur gibt Werkstattbetreiber W den Wagen zurück an den Eigentümer E. Durch die Rückgabe erlischt nach § 1253 I das Unternehmerpfandrecht des W.

Die Übertragung eines gesetzlichen Pfandrechts erfolgt gemäß §§ 1257, 1250 I durch Abtretung der Forderung gemäß § 398.

▶ Literatur zu dieser Lektion

📖 Schreiber, **Jura** 1995, 497 (Werkunternehmerpfandrecht – Grundl.)

📖 Derleder/Pallas, **JuS** 1999, 367 (Werkunternehmerpfandrecht– Klaus.)

▶ Unsere 📖 Skripten 🗐 Karteikarten 🕮 Hörbücher

Zivilrecht

- 📖 Standardfälle Zivilrecht f. Anfänger (BGB AT+Kaufrecht)
- 📖 🕮 Standardfälle BGB AT
- 📖 🕮 Standardfälle Schuldrecht
- 📖 🕮 Standardfälle Ges. Schuldverhältn., §§ 677,812,823
- 📖 🕮 Standardfälle Sachenrecht (Mobiliar+Immobiliar)
- 📖 🕮 Standardfälle Familien- und Erbrecht
- 📖 🕮 Basiswissen BGB AT (Frage-Antwort)
- 📖 🕮 Basiswissen Schuldrecht AT (Frage-Antwort)
- 📖 🕮 Basiswissen Schuldrecht BT (Frage-Antwort)
- 📖 🕮 Basiswissen Sachenrecht (Frage-Antwort)
- 🕮 Basiswissen Familienrecht (Frage-Antwort)
- 🕮 Basiswissen Erbrecht (Frage-Antwort)
- 📖 Einführung in das Bürgerliche Recht (für Anfänger)
- 📖 Studienbuch BGB AT
- 📖 Studienbuch Schuldrecht AT
- 📖 Einführung Schuldrecht BT 1 - §§ 437, 536, 634, 670 ff.
- 📖 Einführung Schuldrecht BT 2 - §§ 812, 823, 765 ff.
- 📖 Einführung Sachenrecht 1 – Mobiliarsachenrecht
- 📖 Einführung Sachenrecht 2 – Immobiliarsachenrecht
- 📖 Einführung Familienrecht
- 📖 Einführung Erbrecht
- 📖 🕮 Definitionen für die Zivilrechtsklausur

Strafrecht

- 📖 Standardfälle Band 1: für Anfänger
- 📖 Standardfälle Band 2: für Fortgeschrittene
- 📖 🕮 Standardfälle Strafrecht AT (für Anfänger)
- 📖 🕮 Basiswissen Strafrecht AT (Frage-Antwort)
- 📖 🕮 Basiswissen Strafrecht BT 2 (Frage-Antwort)
- 📖 Einführung Strafrecht AT
- 📖 Einführung Strafrecht BT 1 – Vermögensdelikte
- 📖 Einführung Strafrecht BT 2 – Nichtvermögensdelikte
- 📖 🕮 Definitionen für die Strafrechtsklausur

Öffentliches Recht

- 📖 Standardfälle Staatsrecht 1 – Staatsorganisationsrecht
- 📖 Standardfälle Staatsrecht 2 – Grundrechte
- 📖 🕮 Standardfälle f. Anfänger (StaatsorgaR u. GrundR)
- 📖 Standardfälle Verwaltungsrecht AT
- 📖 Standardfälle Polizei- und Ordnungsrecht
- 📖 Standardfälle Baurecht
- 📖 Standardfälle Europarecht
- 📖 Standardfälle Kommunalrecht
- 📖 🕮 Basiswissen StaatsR 1 – StaatsorgaR (Frage-Antwort)
- 📖 🕮 Basiswissen StaatsR 2 – Grundrechte (Frage-Antwort)
- 📖 Basiswissen Verwaltungsrecht AT (Frage-Antwort)
- 📖 Studienbuch Staatsorganisationsrecht
- 📖 Studienbuch Grundrechte
- 📖 Studienbuch Verwaltungsrecht AT
- 📖 Studienbuch Europarecht
- 🕮 Hörbuch Basiswissen Europarecht
- 📖 Studienbuch Staatshaftungsrecht
- 📖 Verwaltungsrecht AT 1 – VwVfG
- 📖 Verwaltungsrecht AT 2 – VwGO
- 📖 Verwaltungsrecht BT 1 – Polizei und Ordnungsrecht
- 📖 Verwaltungsrecht BT 2 – Baurecht
- 📖 Verwaltungsrecht BT 3 – Umweltrecht
- 📖 🕮 Definitionen Öffentliches Recht

Sozialrecht

- 📖 Einführung Sozialrecht

Nebengebiete

- 📖 Standardfälle ZPO
- 📖 🕮 Standardfälle Handels- & Gesellschaftsrecht
- 📖 🕮 Standardfälle Arbeitsrecht
- 📖 🕮 Basiswissen Handelsrecht (Frage-Antwort)
- 📖 🕮 Basiswissen Gesellschaftsrecht (Frage-Antwort)
- 📖 🕮 Basiswissen StPO (Frage-Antwort)
- 📖 🕮 Basiswissen ZPO (Frage-Antwort)
- 📖 Einführung Handelsrecht
- 📖 Einführung Gesellschaftsrecht
- 📖 Einführung Arbeitsrecht
- 📖 Einführung ZPO I - Erkenntnisverfahren
- 📖 Einführung ZPO II - Zwangsvollstreckung
- 📖 Einführung StPO - Strafprozessordnung
- 📖 Einführung IPR - Internationales Privatrecht
- 📖 Standardfälle IPR - Internationales Privatrecht
- 📖 Einführung Insolvenzrecht
- 📖 Gewerblicher Rechtsschutz & Urheberrecht
- 📖 Einführung Wettbewerbsrecht
- 📖 Einführung Sportrecht

Karteikarten

- 🗐 Grundlagen des Zivilrechts
- 🗐 BGB Allgemeiner Teil
- 🗐 Schuldrecht BT (§§ 433, 535, 631, 812, 823)
- 🗐 Schemata Zivilrecht (AT, SchuldR, SachR, FamR)
- 🗐 Strafrecht AT
- 🗐 Strafrecht BT 1
- 🗐 Strafrecht BT 2
- 🗐 Streitfragen Strafrecht
- 🗐 Staatsorganisationsrecht
- 🗐 Grundrechte
- 🗐 Verwaltungsrecht AT
- 🗐 Schemata Öffentliches Recht

Die wichtigsten Schemata

- 📖 Band 1: Zivilrecht, Strafrecht, Öffentliches Recht
- 📖 Band 2: Arbeitsrecht, Handelsrecht, Gesellschaftsrecht, StPO, ZPO

Ratgeber Jurastudium

- 📖 Ratgeber 500 Spezial-Tipps für Juristen - Wie man geschickt durchs Studium und das Examen kommt

BWL

- 📖 Einführung in die Betriebswirtschaftslehre
- 📖 Organisationsgestaltung & -entwicklung
- 📖 Fallstudien Organisationsgestaltung & -entwicklung
- 📖 Internationales Management
- 📖 Wie gelingt meine wiss. Abschlussarbeit?
- 📖 Medienwirtschaft für Mediengestalter

Assessorexamen

- 📖 Der Aktenvortrag im Strafrecht
- 📖 Der Aktenvortrag im Zivilrecht
- 📖 Staatsanwalt. Sitzungsdienst & Plädoyer

Irrtümer und Änderungen vorbehalten!

🕮 bedeutet: auch als **Hörbuch** lieferbar!

Bei **niederle-media.de** bestellte Bücher treffen idR *nach 1-2 Werktagen* ein!